다시 살아난 아기 클라라

정신분석을 쉽게 이해할 수 있는 가슴 뭉클한 이야기

다시 살아난 아기 클라라

장-다비드 나지오 지음 | 임말희 옮김

Clara, le bébé qui revient à la vie

프랑스 국영 라디오 FRANCE INTER 청취자 상담방송 사례 10

PSYICIBAS

프랑스 국영 라디오 FRANCE INTER 청취자 상담방송 사례 10

다시 살아난 아기 클라라
Clara, le bébé qui revient à la vie

초판 1쇄 2025년 9월 11일

지은이 | 장-다비드 나지오
옮긴이 | 임말희

펴낸곳 | 눈하우스
출판등록 | 제353-251002012000122호
주소 | 인천시 남동구 도림로31번길 7, 3층
전화 | 02-522-0893
홈페이지 | https://nunhouse.creatorlink.net / www.nun.or.kr
이메일 | tropisme@naver.com

값 20,000원
ISBN 978-89-94347-69-1 (03180)

파본이나 잘못된 책은 바꿔드립니다.

진정한 출생의 장소는

나 자신에게 처음으로

바른 시선을 보낸

그곳이다.

- 마르그리트 유르스나르

목차

여러분이 읽을 이 사례들은 제가 과거에 만난 환자들의 이야기예요. 저와 이미 정신분석을 마치고, 본인의 사례를 공개해도 좋다고 허락하신 분들의 사연이지요. 당사자의 신원과 기밀을 보장하기 위해 세세한 부분까지 변형하고 각색하였음을 알려 드립니다.

쿨쿨

1

소아 우울증

다시 살아난 아기 클라라

여러분에게 들려 드릴 가슴 뭉클한 사례는, 아기 클라라 이야기예요. 클라라를 만난 지도 벌써 수년이 됐군요. 이 사례를 통해 저는 자녀가 얼마나 부모를 지키려고 애쓰는지 보여주고 싶어요. 특히나 부모가 잘 지내지 못할 경우엔 더더욱. 부모가 자녀를 보호한다는 건 우리 모두가 알아요. 하지만 아무리 어린 아기라도, 자녀 또한 부모를 보호한다는 건 잘 알지 못해요. 천사들이 떠오릅니다. 인간을 지켜보는 빛의 존재들 같은, 옛 명화에 자주 나오는 발갛고 통통한 볼의 어린 수호천사들 말입니다. 이 어린 여아의 사연은 필사적으로 엄마를 지키려다 탈진하고 병든 천사의 이야기예요.

10개월 된 아기 클라라는 엄마가 데려왔어요. 클라라는 쇠약하고 얼굴이 창백했었는데, 젖먹이 치고는 이례적인 모습이었죠. 작은 몸은 기운 없이 늘어져 있고, 머리도 한쪽으로 축 처져 있었어요. 먹지 않고, 잠도 하루에 겨우 3시간 잔다고 했어요. 소아과의사들도 여럿 만나봤지만 소용없었다고 했지요. 클라라는 많이 울었는데 얼마 전부터는 잠을 전혀 안 자고 슬픈 눈만 크게 뜨고 있다고 했어요.

상담하는 내내 클라라는 힘없이 무표정하게 엄마 무릎에 널브러져 있었어요. 아직도 그 첫 회기가 눈에 선해요. 제가 어린 내담자들을 만날 때 주로 쓰는 그 낮은 탁자 앞 소파에 앉아 있는 모습이. 보통은 탁자를 사이에 두고 한쪽에는 제가 앉고, 맞은편에는 아동이 앉아요. 하지만 그날은 그 엄마가 아기를 팔에 안고 저를 마주 보고 앉아 있었죠.

잠시 어머니와 대화한 후 어머니 본인은 잘 자는지 물어봐야겠단 생각이 들었어요. "거의 못 자요, 선생님 ! 애가 안 자는데 어떻게 자요 ?" 더 자세히 알고자 저는 계속 물었어요. 본질은 디테일에서 드러나기에, 제겐 세부 사항을 파고드는 습관이 있지요. "조금 잔다는 그 시간엔 잘 주무세요?" 어머니는 멈칫하다가 답했어요. "실은 제게 끔찍한 일이 일어나고 있어요. 잠들자마자 무서운 악몽 때문에 바로 깨요. 여동생이 나타나 울면서 비난을 쏟아 부어 너무 괴로워요. 꼭 유령 같아요." "유령이요? 어떻게 그런 일이?" "뤼씨에요. 일 년 전 끔찍한 상황에서 자살한 제 여동생이죠. 클라라가 태어난 뒤로 밤마다 이 악몽을 꿔요." 그녀는 바로 흐느끼기 시작했어요. 순간 저는 울고 있는 엄마를 보면서 클라라 쪽으로 몸을 돌려, 아이도 분명히 알아들을 거라 확신하며 반사적으로 이렇게 말했죠.

"있잖아, 클라라! 난 네가 왜 안 자는지 알아. 엄마가 위험하다고 느껴서 엄마를 지키려고 안 자는 거잖아. 엄마가 왜 우는지 알았으니까 이제 엄만 내가 지킬게. 약속하마. 엄마 슬픔은 내가 돌볼 거야. 넌 편히 자도 돼!" 이렇게 말하자, 클라라는 얼굴을 내게 돌려 알겠다는 듯이 눈을 반짝였어요. 처음에 본 흐리멍덩한 눈빛은 찾아볼 수 없었지요. 아기 클라라는 생명을 다시 찾은 듯, 몸을 곧추세우고 엄마 품에 파고들며 엄마 팔에 머리를 기댔어요. 안심하고 쉬는 모습이었죠.

클라라가 단어의 뜻을 알아들을 리는 만무해요. 하지만 아기도 단어에 실린 감정의 운율은 알아듣지요. 내 말의 운율은 포근하면서도 확고했어요. 감동된 치료자가 환자에게 말을 걸 때는 치료자가 말한 내용을 넘어, 분석가의 목소리에 실린 음률이 진동해요. 목소리에 배인 감정의 음률, 환자 내면에서 진동하는 운율과 공명하는 그 음률이 진동하죠. 치료자의 말이 환자의 내면과 공명한다면, 환자의 고통을 덜어주고 환자를 거듭나게 할 수 있어요.

3일 후 모녀를 다시 봤을 때 클라라는 전혀 다른 아기가 되어 있었어요. 더 이상 우울해하지 않았죠. 엄마도 진정돼 있었어요. 무슨 일이 생긴 걸까요? 제가 한 말이 어린 딸의 짐을 덜어주었던 겁니다. 너의 슬픈 엄마는 이제 내가 돌보겠다고 약속하면서. 어린 아기가 감당하려던 그 불가능한 숙제에서 클라라를 해방시켰던 거죠. 제가 개입하기 전에는 클라라에게 기댈 엄마가 없었어요. 온통 슬픔에 빠진 엄마는 더 이상 아기를 안아주지 못했어요. 딸은 안중에도 없었지요. 그러자 아기는 쩔쩔매면서도, 약해진 엄마를 지키려고 안간힘을 썼던 거예요. 클라라는 든든하고 다정한 팔로 자기를 얼러줄 힘 있는 엄마가 필요했지만... 아기는 엄마를 지키려고 끊임없이 불침번을 선 끝에 탈진해 있었죠.

아직 구강기 연령인데도, 클라라는 벌써 다음 단계인 항문기에 있는 것 같았어요. 항문기가 되면 아기는 걷기 시작하고, 자기가 좋아하는 것들은 안간힘을 써서 붙잡아요. 클라라는 필사적으로, 엄마의 엄마가 되어주려고, 아기로선 너무 먼 길을 갔지요. "엄마는 내가 맡을 테니 너는 편히 자거라!" 하며 진정시켜 준 말이 클라라에겐 힘이 됐어요. 그 말은 이런 뜻이었어요. "네 자신으로 돌아가렴. 아기다운 천진함을 되찾고 편히 쉬어!"

어떻게 이런 말이 제게 떠오를 수 있었을까요? 아기 엄마가 울음을 터뜨리는 걸 본 순간, 저는 아기가 엄마를 달랠 수가 없어 고통스러워한다는 걸 알았어요. 하지만 이런 앎은 어떤 성찰의 결과가 아니었어요. 작동한 것은 제 머리가 아니라 저의 감정이었어요. 순식간에 저에게 밀려든 감정이었죠. 이 감정이 아기에게 해방감을 주는 말로 표현되었던 거고요.

엄마가 통곡하는 모습을 보기 전까진 어린 딸이 쇠약한 이유를 알 수 없었어요. 엄마의 흐느낌을 듣고서야, 자기 여동생의 죽음에 시달려온 것을 알고서야 저도 곧 클라라의 슬픔을 느끼고 아기에게 몸을 돌려 그 말을 해준 거였죠. 어떤 슬픔이었을까요? 내팽개쳐졌다는 슬픔, 무너진 엄마를 보며 더 이상 엄마의 사랑을 기대할 수 없다는 슬픔, 나아가 사랑만이 불러일으키는 삶의 의욕을 잃어버린 슬픔이죠. 여기서 다시 확인하게 되는 건 모든 우울증의 원인이에요. 아기의 우울증이건 성인의 우울증이건, 우울증은 내게 힘을 불어넣는 이 느낌을 잃어버렸을 때에만 생기는데, 바로 사랑받고 사랑하고 있다는 느낌이지요. 우울증 환자란 더 이상 사랑받지 않는다고 느끼는 사람이며, 더 이상 사랑할 수 없을 뿐더러 더는 사랑하고 싶지 않은 사람이에요.

방금 제가 '아기의 우울증'이라는 말을 썼는데, 놀라지 마세요. 아기들도 우울증에 걸릴 수 있어요. 이런 조숙한 우울증을 의료인들은 '소아 우울증'이라고 하죠. 이 슬픈 유아와의 만남을 여러분께 소개한 것은, 우울증을 돌보는 저만의 방식을 잘 보여주는 사례이기 때문이에요. "네 엄마는 내가 맡을 테니…" 저의 이 말은 이성적인 말이 아니라 직감적인, 아주 감성적인 말이었어요. 이런 방식은 우울증 환자를 치료하는 데 효과가 커요. 우울증 환자뿐 아니라 모든 환자에게 효과가 있지요. 이런 개입은 분석가가 환자와 세 겹으로 공감해 냈을 때 나오는 결과예요. 무슨 말일까요? 분석가는 환자가 의식적으로 느끼는 것과도 공감해야 하고, 환자가 느끼지만 자신이 그걸 느낀다는 것을 모르고 느끼는 것과도 공감해야 하고, 때로는 환자가 아닌 환자와 가장 가까운 사람이 느끼는 것과도 공감해야 해요.

따라서 우리 분석가들은 환자가 의식적으로 느끼는 것, 환자가 무의식적으로 느끼는 것, 환자에게 가장 중요한 사람이 느끼는 것, 이 세 가지를 감지해야 해요. 클라라의 예에서 보면, 엄마에게 방치된 아이가 슬픔으로 죽어가고 있음을 저는 느꼈어요. 쇠약한데도 엄마의 엄마가 되려고 온몸을 오그려 힘을 내고 있다는 것도 느꼈어요. 이 옥죔이 바로 클라라가 무의식에서 느끼는 거죠. 끝으로, 저는 클라라의 엄마가 무의식적으로 느끼는 것도 감지할 수 있었어요. "더 이상은 못해! 더는 못 버티겠다고! 내 딸을 돌볼 수가 없어!"라고 고백하는 무력한 엄마의 혼란을 느낄 수 있었죠. 아기 엄마가 우는 것을 보고, 엄마가 자신을 비난하고 있다는 것을 알았어요. "죽고 없는 여동생도 못 돌봤는데, 시들어가는 내 아기도 지금 못 돌보잖아!"

왜 제가 분석가의 삼중 공감에 대해 말하는지 아시겠죠? 이 삼중의 공감은 상상력과 민감성의 작업 같아요. 환자와 공감한다는 것은 환자가 경험하는 감정들을 상상한다는 것이고, 그것들을 상상하면서 분석가 자신도 그 감정들을 느낀다는 거예요. 한마디로 이런 거죠. 환자와 공감할 때 나는 그가 느끼는 것을 상상하고, 그것을 상상하면서 나 자신도 그것을 느낀다. 덧붙이자면, 클라라 사례에서 제가 보여드린 것 같은 공감의 실천은 그냥 되는 것이 아니에요. 자신에 대한 부단한 작업, 수많은 환자와의 경험, 이 분야 거장들의 유산을 끊임없이 공부한 데서 오는 결과지요. 여하튼, 분석가가 적시에 제대로 개입하기 위한 첫 번째 조건은 잊는 거예요. 그 동안 배운 것을 다 잊어버리고, 바로 내 앞에 앉은 사람의 슬프거나 기쁜 상태를 완전히 수용하는 거죠. 어떤 환자를 만나건 저는 항상 호기심을 갖고, 인생의 예기치 않은 일들에 나 자신을 개방하려고 애써요.

클라라의 이야기는 어떻게 끝났을까요? 아기에게 약속했듯이 엄마의 우울증이 끝날 때까지 일 년 간 그녀를 치료했어요. 이 사례를 마무리하기 전에, 여러분과 유쾌한 추억 하나를 나누고 싶군요. 클라라 모녀와 첫 상담을 마치고, 그 다음 주에 저는 클라라 외할머니로부터 훈훈한 편지를 한 통 받았어요. 벌써 이십 년이 지난 얘기지만, 아직도 소중하게 간직하고 있는 몇 구절을 여기에 나눠요. "박사님, 너무 감사해요! 박사님 덕에 우리 손녀는 예전처럼 회복되었어요. 그 모습을 박사님도 보셨어야 하는데! 박사님을 뵙고 집으로 돌아온 클라라는, 마치 아기의 태평함을 되찾기라도 한 듯 곤히 잤답니다."

2

검은 수트를 입은 사나이

"내 안에서 발견한 당신의 상처는 이거예요."

쥘은 26세의 청년인데, 온통 검은 옷을 차려입는 묘한 특징이 있었어요. 처음부터 그는 쭉 검은 양복 차림으로 치료실에 왔어요. 항상 검은 셔츠에 검은 넥타이... 검은 우산을 들고 왔는데, 장갑과 서류가방 역시 검은색이었지요. 지금은 내담자가 아니지만, 당시 쥘은 특유의 음침한 분위기로 진료실을 오가던 사람들을 불편하게 했어요. 깔끔하게 손질된 머리와 도도하고 우아한 태도에서는, 깊은 고통이 배인 모종의 존엄함마저 풍겼죠. 자기 인생은 어떤 것도 성취되지 않고 모든 것이 멈춘 것만 같다며 저를 찾아왔어요. 첫 만남에서 저는 그가 6세 때 처참한 교통사고로 어머니를 잃었다는 걸 알았어요. 이 비극에, 아버지는 어린 아들을 위해 '엄마는 여행을 떠났다'고 거짓말을 더했죠. 아들은 1년간이나, 이기적인 엄마가 자기를 버리고 여행을 갔다고 믿었어요. 그건 충격이었고, 너무 충격적이어서 쥘은 절망 속에 갇혀 버렸어요. 이 일 이후, 그는 차갑고 무심한 아버지는 물론 어떤 가족 구성원에게도, 심지어 친구들에게도 지지받지 못한다고 느꼈어요. 엄마에 대한 애도(누구도 대신할 수 없는 생모에게 닥친 비극을 극복하고 차차 엄마의 죽음을 받아들이는) 작업을 도와줄 친한 사람이 그에겐 없었지요. 첫 상담부터 저는, 6세에 시간이 멈춰버린, 심하게 병든 한 남성과 마주 앉았다고 느꼈어요. 쥘은 항상 엄마가 자기 곁에 있다는 망상적 확신이 있었어요. 그의 건강한 뇌는 엄마가 더 이상 없다는 걸 인정했지만, 그의 아픈 뇌는 엄마가 검고 음산한 그림자가 되어 자기를 따라다니며 보호하고 고립시킨다고 믿었죠.

쥘을 바라보고 그의 말을 경청하면서, 분석가로서의 제 사명은 그가 벌써 끝냈어야 할, 애도 작업을 도와주는 것임을 알았어요. '애도 작업' 이란 무엇일까요? '엄마가 떠나셨음을 받아들이고 엄마 없이도 사는 법을 배우는 것'이죠.

분석치료를 시작한 처음 2년 동안은, 쥘을 강타한 그 비극적 사건을 자주 다루었어요. 그 덕에 쥘의 쓰라림과 고립된 생활은 많이 완화되었지요. 하지만 세상을 향하여 자신을 완전히 개방하진 못했어요. 그러던 어느 날, 상담 중에 어떤 생각이 저를 번개처럼 스쳤어요. 그래서 저는 쥘에게, 이제는 고인이 되신 엄마와 헤어지는 장면을 즉흥적으로 만든 이야기처럼 들려주었죠.

그날 일어난 일은 이래요. 쥘은 치료용 카우치에 누워 나에게 말을 해요. 그러다 갑자기 그가 이렇게 말하는 것을 들어요. "엄마가 떠난 뒤..." 저는 그 다음 얘기는 듣지도 않고 어디론가 빨려드는 것을 느껴요. 눈을 감고 내게로 밀려드는 것에 몸을 맡기죠. 무아의 상태가 되어 '엄마가 떠난 뒤...'라는 말에 주파수를 맞추니 연속 장면이 내 안에 떠올랐어요. 장면이 떠오르는 대로 내담자에게 그 광경을 묘사해 줬어요. 제가 환자에게 건넨 말이, 쥘을 밑바닥까지 흔들어 놨는데, 하나의 스토리 형태였어요. 이 스토리가 쥘에게 치료의 문을 열어주었죠. 여러분이 아래에서 읽게 될 글은, 당시 제가 환자에게 해준 말과 정확히 일치해요. 상담을 마치고 환자가 떠난 후 나는 바로 전에 경험한 것이 너무 인상적이어서, 곧장 책상에 앉아 종이를 꺼내 그에게 해준 말을 적기 시작했어요. 상담 중에 내가 한 말은 이거였죠.

"방금 '엄마가 떠난 뒤...'라고 말씀하셨는데, 당신 말을 들으니 황급히 문을 열고 집에서 뛰쳐나가는 한 엄마의 모습이 떠올라요. 여섯 살 난 어린 아들은 엄마랑 같이 가고 싶어요. 엄마가 영원히 떠난다는 것을 알고 있기라도 한 듯, 아이는 소리칩니다. "엄마, 나도! 나도 같이 갈래!" 엄마는 돌아보지도 않고 아들에게 말해요. "안 돼, 넌 여기 있어! 넌 올 수 없는 곳이야!" 아들의 간절한 부탁에도 엄마는 냉정하게 떠나고 아들은 그런 엄마를 뒤쫓아 가요. 엄마가 뛰어가니 아이도 뜁니다. 엄마가 달려가니 아들도 따라 달립니다. 멈추지도 않고 엄마를 따라잡으려고 달리죠. 이렇게 엄마와 아들이 달려요. 한 명은 앞에서, 한 명은 뒤에서, 둘이 결코 만나지는 못한 채... 수년 전부터 둘은 계속 이렇게 달리고 있죠. 아들은 엄마를 절대 포기하지 않고 기어이 따라갑니다. 엄마의 모습이 멀어지고 안개 속에 희미해지며 지평선 너머로 완전히 사라지는 것을 본 그날까지... 지치고 숨가쁜 아이는 그제야 달리기를 멈춥니다. 비로소 엄마를 포기해요. 지쳐 나자빠진 아들은 길가에 앉아 숨을 고릅니다. 그러다가 문득 자기 손과 발을 쳐다보고 자신이 더 이상 아이가 아니란 걸, 부쩍 자라 어른이 되었다는 걸, 엄마가 영원히 떠났음을 받아들이는 한 남자가 되었다는 것을 발견하고는 놀라요."

이렇게 말한 후 저는 잠시 침묵했어요. 그러고 환자도 안다는 듯 이렇게 덧붙였어요. "길가에 멈춰 섰을 때, 당신은 보고 알아요. 이제는 아이가 아니라 남자라는 것을. 지금 우리가 함께 목도하는 것도 바로 이러한 변신이죠."

*

위의 말이나 이미지들은 모두 제가 환자에게 전달한 그대로예요. 제 안에 떠오르는 영상을 따라가며 마치 생중계를 하듯이 그렇게 전했지요. 제가 말하는 동안 줠은 무거운 침묵을 지켰어요. 제가 들려주는 이야기에 완전히 사로잡힌 채. 이야기를 끝낼 즈음 그의 흐느낌 소리가 들렸어요. 억눌린 감정이 묻어나는 울음이었죠. 그에게 이야기를 들려주는 동안 저는, 정신에 밀려드는 이미지와 말들에 압도되는 느낌이었고, 엄마를 잡으려고 안달하는 그 아이와 완전히 하나가 돼 있었어요. 어느새 저도 이야기 속 주인공이 돼 있었죠. 제가 그 아이라고 느꼈고, 아이가 느끼는 헤어짐의 고통을 저도 고스란히 느꼈어요. 그렇다고 나 자신을 잃어버린 건 아니었지요. 제 안에 밀려드는 이미지와 말들과 감정에 압도되었지만, 명징하게 깨어 환자에게 제가 건네는 말을 통제할 수 있었죠. 그 실례로, 제가 사용을 자제한 표현이 있어요. 어느 순간 하마터면 저는 내담자에게 당신 어머니는 천국에 가신 거라고 말할 뻔 했어요. 하지만 정신을 차리고 그 표현을 자제했죠. 그런 전형적인 표현은 제 말의 진정성을 해칠 수 있으니까요. 여러분에게 이런 부분까지 알려드리는 건, 자발적인 말이라도 제가 얼마나 신중히 단어를 골라 쓰는지 보여드리기 위해서예요. 저는 진심으로 말하고 있었고, 쥘도 제가 진심으로 말한다는 것을 알기를 바랐죠.

쥘에게 제가 들려준 비유담은 어린아이가 겪었던 사연을 다시 경험하게 해주었고, 마침내 엄마의 유령에서 벗어나게 해주었어요. 생모가 영원히 떠났다는 것을 받아들이게 된 거죠. 저의 비유담을 듣는 동안 쥘이 경험한 그 강렬한 흐느낌은, 아프지만 이젠 달리기를 멈춰야 한다는 것, 죽은 자는 죽은 자들에게 맡겨야 한다는 것을 그도 깨달았음을 보여주었어요. 이 비유담 덕에 쥘은 지난 20년간 못했던 애도를 단숨에 해냈어요. 이날을 계기로 치료는 막바지를 향해 갔고, 몇 개월 뒤에 우리는 상담을 종결했지요. 지금은 쥘을 더 이상 환자로 만나지 않지만 삶의 중요한 장면들에선 소식을 전해줘서, 그가 가정을 일구었고 직장에서도 승승장구하고 있다는 건 알지요. 첫 아이가 태어났을 때는 어머니 묘에 가서 추모한 일도 알려 주었죠.

*

'검은 수트를 입은 사나이' 사례는 저에게도 아름다운 추억으로 남아있어요. 치료자가 환자를 경청하고 치료로 이끄는 방식에 대한 좋은 경험으로요. 이 내담자와의 치료 경험은, 분석가가 자기 내면에 침잠해 들어가 자기 안에서 내담자의 아픔을 만나는 것이 제가 아는 한 가장 강력한 치료인자라는 걸 다시금 일깨워 주었어요. 제가 환자의 가장 깊은 갈등을 포착하고 그것을 전달해 주는 것은 외부에서가 아니라 저 자신의 내면에서죠. 환자에게 마치 이렇게 말하는 것과 같아요. "내 안에서 본 당신의 상처는 이거예요!"

이제 마무리할게요. 저는 분석가가 자신의 무의식으로, 자신의 개인 무의식과는 다른 아주 특별한 무의식을 가지고 치료에 임한다는 걸 보여주고 싶었어요. 이것을 저는 분석가의 도구적 무의식이라고 불러요. 이 무의식은 환자로부터 나오는 것을 포착하고, 그의 핵심 감정을 간파하여 언어로 바꾸는 훈련을 통해 연단된 전문가의 무의식이죠. 그러나 포착하고 동일시하고 번역하는 이 도구도, 분석가가 내면에 침묵의 여백을 만들어 낼 때라야 제대로 작동할 수 있어요. 그러므로 환자를 경청할 때는 자기 내부로 침잠해 들어가 그 안에서 고요를 찾지요. 치료자가 내려가는 수위가 깊으면 깊을수록 그를 수면 위로 밀어 올리는 추동도 그만큼 강력하고, 환자에게 고통의 원인을 밝혀주는 말도 더 잘 건져낼 수 있어요. 분석가의 청취란 이렇게 자신 안으로 깊이 뛰어드는 잠수예요. 내담자에게 변화를 가져오는 이러한 추동이 바로 정신분석이지요.

3

미치코

"난 저주받았어! 내 아들을 죽였다고!"

여기, 자기 아들을 죽인 비극적인 엄마의 사례가 있어요. 이 사례를 소개해야 하나 말아야 하나 무척 고민했어요. 이 엄마는 극심한 정신병이라 할 수 있는 멜랑콜리에 걸린 분이었죠. 이 비극적 드라마를 소개하기 전에 멜랑콜리에 대해 설명할 필요가 있어요. 이 잔인한 병이 어떻게 젊은 엄마로 하여금 아들을 죽이게 했는지 말이죠. 멜랑콜리란 무엇일까요? 멜랑콜리는 극단적인 우울 상태예요. 우울증이 심해지고 환자가 자기비난의 망상에 사로잡히면서 자살 위험이 급등하죠. 미치코는 망상적 멜랑콜리 사례지요. 모든 멜랑콜리에 정신착란이 동반되는 건 아니지만, 대개 멜랑콜리는 치명적인 정신착란이란 걸 알아야 해요. 어떤 착란일까요? 우리는 망상이란 단어의 엄밀한 뜻을 모른 채 이 표현을 자주 써요. "됐어! 그건 망상이야!" 망상이란, 잘못된 생각인데도 그것이 절대 옳다고 확신하며 그 생각에 사로잡혀 있는 환자의 상태예요. 뼛속까지 그 생각이 옳다고 믿는 망상 환자에게는 반박도 소용없어요. 매사 의심을 하는 우리 같은 신경증 환자들과는 정반대죠. 망상 환자들은 전혀 의심이 없으니까요.

제가 멜랑콜리는 망상이라고 했는데, 무엇보다 죄책 망상이에요. 도저히 속죄할 길 없는 죄를 범했다고 확신하는 망상이죠. 불결에 관한 망상일 수도 있는데 이때 환자는 자신이 더럽혀진 것에 구역질을 느끼고, 심지어는 몸속이 다 썩었다고 착각해요. 혹은 파산에 관한 망상일 수도 있는데, 자신은 집, 재산, 가족을 모두 잃었다고 잘못 판단하죠. 심지어는 내장을 다 잃어 장기 없는 텅 빈 몸이 됐다는 기괴한 망상을 보이기도 해요.

느끼셨겠지만 멜랑콜리는 극히 심각한 병이에요. 대부분은 환자의 자살이나 타살을 막기 위한 응급 입원이 필요하죠. 이건 19세기 낭만주의가 구가하던 어여쁜 멜랑콜리와는 전혀 달라요! 19세기 낭만파 중에선 특히 라마르틴느와 비니가 생각납니다. 이들에게 멜랑콜리는 시적 영감을 주는 뮤즈의 이름이었죠. 하지만 아니에요. 멜랑콜리에 대해선 문학적 시각이 아닌 현실적 시각이 필요해요. 저는 여러분이 이 질병의 무서운 얼굴을 아셨으면 해요. 멜랑콜리는 감상에 젖는 행복이나 베를렌느의 심장을 관통하던 그 달달한 우수가 아니에요. 전혀요! 멜랑콜리는 환자에게서 인간성을 빼앗고, 산 자들의 세상에서 그를 축출해버리는 난폭한 정신착란이에요. 그래요. 저는 멜랑콜리 환자를 여러 분 만났어요. 멜랑콜리는 무서워요. 정말 무섭죠! 그 잔인성은 상상을 초월해요. 멜랑콜리 환자가 자살할 때, 그에게 실패란 없어요. 권총을 입에 넣을 때는 입천장까지 밀어 넣고, 경동맥을 자를 때는 돌이킬 수 없게 잘라버리죠. 그는 더 이상 자기 자신이 아니에요. 망상에 빠져 있죠. 그는 죽여요. 자신 안에 있는 그 자격 없는 존재를! 죄로 인해, 불결과 파산으로 존엄성을 잃은 그 자격 없는 존재를요. 그래요. 멜랑콜리는 자격 없음에 대한 망상이에요. 자신이 너무 불법적이고 부적절하다고 느끼기에, 자신을 없애는 것이 마땅하죠. 멜랑콜리 환자에게 자살이 근본적 해결책인 건 바로 이 때문이에요. 자살은 강박적으로 떠오르고, 끊임없이 갈망되고 상상되고 추구되죠. 망상 속에 있는 환자에게 자살은 마땅한 처벌이자 해방구지요.

자살은 각기 독특한 병의 비극적 귀결이라는 점에선 같지만, 다양한 변이들이 있어요. 히스테리 환자는 조현병 환자와 같은 방법으로 자살하지 않고, 조현병 환자는 멜랑콜리 환자와 같은 방법으로 자살하지 않죠. 자살하는 순간엔 남성이건 여성이건 어떤 병을 앓고 있건, 환자는 실로 치명적 행동을 할 수밖에 없는 어떤 명령에 사로잡히게 돼요. "나 자신을 죽이지 않을 수 없어!" 모든 자살은 탈출 환상에 의해 일어나요. 자살한 사람은 항상 어떤 몽상에 현혹돼 있지요. 그러므로 자살 의도가 있는 사람을 보면, 그 자살에 어떤 구원의 측면이 있는지 찾아보세요. 히스테리 환자는 죽기 위해서가 아니라 영원히 잠들기 위해 약을 삼키는 반면, 조현병 환자는 죽기 위해서가 아니라 자기 몸을 떠나기 위해 창밖으로 몸을 던져요. 몸에서 분리되려고, 지긋지긋한 그 환청들을 영원히 입 다물게 하려고 말이죠. 조현병 환자는 귀찮은 감각들 없이 머리로만 살고 싶어요. 히스테리 환자도 조현병 환자도 죽기를 바라진 않아요. 전혀요! 살 수 없게 하는 내면의 고통을 죽이려는 것인데, 그 고통을 죽이려다 본의 아니게 자신도 죽이고 말죠. 세상에서 탈출한다, 자기 몸에서 벗어난다는 불길한 목표 때문에... 반면 알다시피, 멜랑콜리 환자는 죽기를 원해요. 죽음을 추구하죠. 저주받은 자기 존재를 이 땅에서 치우기 위해, 기필코 자신을 없애려고 해요. "난 남아도는 존재야. 인간 세상에서 쓰레기에 불과해. 사라져야 해 !" 제가 아는 한 멜랑콜리 환자의 자살은 정말 가장 잔인하고 가장 처참해요.

이제, 한 엄마의 살인적 광기에 대해 말할 때가 되었군요. 이 얘기를 하는 건 멜랑콜리의 예를 보여준다기보다, 제 안에서 한 환자의 고통이 어떻게 진동하는지를 여러분도 느끼시도록 하기 위해서예요. 살아오면서 목도한 최악의 드라마 중 하나를 대하며, 제가 느낀 감정을 여러분도 느껴 보시라고 말이죠.

미치코는 모국인 일본의 정신병원에서 3년의 시간을 보내고, 저를 만나러 파리에 온 아시아 여성이었어요. 이제 많이 회복된 그녀는, 자신의 삶을 앗아간 그 악몽과도 같은 지난 일을 이해하고 싶어 했죠. 무슨 일로 상담 받으러 왔냐고 묻자, 그녀는 말했어요.

"멜랑콜리에 걸린 적이 있는데, 제게 무슨 일이 생긴 건지 정확히 알고 싶어서요." 놀라서 제가 또 물었어요. "왜 '멜랑콜리'라고 말하시죠?" "병원 정신과의사들이 제게 붙인 진단명이에요." 제가 설명을 요구하자 그녀는 말을 이어갔어요. "잘 모르겠어요. 오빠가 저에겐 정말 아빠였고 우상이었는데, 끔찍한 비행기 사고로 죽었어요. 그 소식에 전 미쳐버렸어요. 무너져서 완전히 얼이 빠졌었죠. 몇 날 며칠 도쿄 거리를 헤맸는데, 그때부터였어요. 다 내 잘못이라고, 오빠를 구하기 위해 아무것도 하지 않은 나 때문이라고, 비난하는 목소리, 나를 죽이라고 명령하는 목소리들이 들려오기 시작한 게요. '네 탓이야. 죽어, 죽어!' 목소리들이 제게 고함을 질렀어요. 사실 오빠가 죽기 전날 저에겐 불길한 예감이 있었어요. 오빠가 그 비행기를 타면 안 된다는 걸 알았는데도, 전혀 말리지 않았죠.

그녀는 잠시 침묵하더니 다시 말을 이었어요. "저는 당시 이혼한 지 벌써 3년 째였어요. 세 살짜리 아들 타오랑 단둘이 살고 있었죠. 저에겐 오빠와 아들이 전부였어요. 가끔은 그 둘이 헷갈렸어요. 오빠가 아들이고, 타오가 오빠 같았죠." "왜 정신병원에 입원하신 거예요?" 제가 묻자 미치코가 말했어요. "그날 아침은 끔찍했어요. 타오랑 방안에 단둘이 있었죠. 저는 막 잠에서 깼는데 갑자기, 목소리들이 그간 지시해온 걸 행동에 옮겨야겠단 생각에 사로잡혔어요. 오빠가 죽은 마당에 계속 살아야 하는 이 형벌을 더는 참기 힘들었죠. 순간 저는 아들을 버릴 순 없어, 타오를 혼자 두고 갈 순 없어, 타오는 데려가야지, 이렇게 우리 셋이 죽음 안에서 다시 만나고 죽음으로 셋 다 구원받아야 된다고 생각했어요."

충격적인 이 말들에 놀라, 저는 나지막한 소리로 물었어요. "그래서 어떻게 하신 거예요?" "타오는 아직 자고 있었어요..." 그녀는 잠시 입을 다물었어요. 그러고는 떨면서 제게 고백했지요. "저는 베개를 집어 들었어요. 그리고 아이 얼굴을 힘껏 베개로 눌러 질식시켰어요. 타오가 더 이상 움직이지 않자, 저는 식칼로 제 목을 그었어요. 얼마 지나지 않아 파출부가 우편물을 갖고 들어왔던 거고, 침대 위에 죽어 있는 아이와, 피로 낭자한 바닥에 쓰러져 아직 숨을 쉬고 있는 저를 발견해 신고한 거였어요."

"그 후 어떻게 됐나요?" "그 후 저는 응급실에 실려 갔고, 회복된 다음 재판에서 무죄 판결을 받고, 정신병원에서 강제치료를 받았어요." "그러니까 형을 받고 감옥에 수감된 게 아니군요?" "감옥에 가지 않고 정신병원에 3년 있었어요. 저는 차츰 회복되었고, 파리에 있는 일본대사관의 직원으로 채용도 되었죠. 실은 저에게 일어난 일에 대해 제대로 좀 알고 싶어서 박사님을 찾아왔어요. 과거의 그 사건은 제게 지울 수 없는 회한으로 남아있지만, 끔찍한 기억에도 불구하고 제가 살아가려면 납득할 만한 설명이 필요해서요."

이렇게 멜랑콜리는 무자비해요! 우울증이 신경증의 궁극적 상태라고 한다면, 미치코의 사례에서처럼 멜랑콜리는 우울증의 궁극적 상태지요.

3장을 마치기 전에, 미치코 소식을 알려드릴게요. 2년간의 정신분석을 마친 후, 그녀는 내면의 평화를 찾고 일본으로 돌아갔어요. 운명적이던 그날 아침의 악몽은 오빠와의 융합적 사랑이라는 광기에서 온 것임을 깨닫고서 말이죠. 부정할 수 없게, 오늘의 고통은 과거 속에서 유발돼요. 지난날 오빠와의 신성시된 사랑이 오늘날 멜랑콜리의 아픔으로 돌아온 것이죠. 달리 말해, 사랑이 병적이면 그 상실 또한 병적인 것이 돼요.

미치코는 자신이 겪은 비극에서 어떤 의미를 찾으려고 저에게 왔어요. 그녀의 아픔을 덜어준 건 우리가 함께 찾아낸 그 의미였어요. 미치코는 죽는 날까지 죄책의 짐이 있을 거예요. 하지만 지금은 삶의 의욕이 있고, 분석을 통해 자신을 성찰하는 법을 배우면서 이후 펼쳐질 인생에 소망을 갖게 됐지요.

4

청소년

그 머릿속에 들어가 보다

우리 어른들은 매일 조금씩
자신을 잃어 간다, 알게 모르게 서서히.
모든 것이 바뀌는 청소년의 변화는
얼마나 더 극심한가! 아동기는 떠나가고,
몸은 변하고, 아직 여물지 않은 머리로
이 모든 걸 힘겹게 버티고 있으니!

J.-D. NASIO

이제, 요즘의 청소년들에 대해 말해 볼까요? 진료실에서 만난 젊은 친구들이 저에게 가르쳐준 것을 여러분과도 나누고 싶어요. 여러분이 한 청소년의 머릿속에 들어가 그가 경험하는 것을 경험하고, 그가 느끼는 것을 느끼시게 해보려고 해요. 운 좋게도 여러분 중 많은 분은 힘든 청소년기를 별 탈 없이 지나는 아이들의 부모나 조부모라는 걸 알아요. 아이들의 신뢰를 얻기 위해 여러분이 심리학자가 될 필요는 전혀 없지요. 삶의 역경을 거치며 다져진 상식만 가지고도 여러분은 이들에게 충분히 좋은 대화 상대예요. 다만 저는, 여러분이 사랑하는 자녀들을 인도하고 그 영혼을 더 잘 이해하는 데 도움이 되길 바랄 뿐이지요.

우선, 청소년기를 정의해 볼까요. 청소년기는 아동기와 성인기 사이에 걸쳐 있는 이행기예요. 조심스럽고, 고통스럽지만 동시에 창조적인 이행기죠. 청소년기는 서로 다르면서도 보완적인 다음의 세 가지 관점, 즉 생물학적, 사회적, 정신분석학적 관점에서 볼 수 있어요.

알다시피 생물학적 관점에서 청소년기는 사춘기에 해당해요. 더 정확히는 11세 아동의 몸 안에 급작스럽게 호르몬이 분출되는 시기인 사춘기 초반에 해당하죠. 의학용어인 사춘기는 성기가 발달하고 남자와 여자를 구별해주는 2차 성징이 나타나며, 키가 급속히 자라고 눈에 띄게 외모가 변화하는 시기를 말해요. 소년에게 사춘기는 첫 사정을 하고, 목소리가 변하며, 몸집이 커지고, 근육량이 증가하는 등 남성의 특성이 나타나는 시기죠. 소녀의 경우는, 초경이 시작되고 첫 배란통을 경험하며, 젖가슴이 나오고 골반이 넓어지면서 전형적인 여성의 몸매를 갖추고, 여성의 몸이 풍기는 묘한 매력을 발산하는 시기지요. 생물학적으로 말하면 청소년기는 성징을 갖춘, 출산이 가능한 성숙한 몸의 도래라고 할 수 있어요.

사회학적 관점에서, '청소년기'라는 단어는 아동기의 의존성에서 벗어나 청년기로 들어가는 이행기를 포함해요. 문화에 따라 청소년기라는 과도기는 매우 짧을 수 있는데, 성년 의례를 통해 몇 시간 만에 성인으로 바뀌는 문화도 있어요. 우리 사회의 청년들처럼 장기간의 교육과 대량 실업으로 오랫동안 가족에게 정서적 물질적으로 의존하다 늦게 독립하는 경우도 있죠. 프랑스의 경우는, 23세에도 두 명 중 한 명은 청년들이 부모 집에 살면서 용돈을 받아요. 그러므로 사회학적 관점에서 청소년기를 시기적으로 구분해 보면, 11세경에 시작되어 25세경에 끝난다고 할 수 있어요.

요즘의 청소년

청소년과 상담하면서 제가 확립한 정신분석적 관점에서 청소년기에 대해 말해 보죠. 저 같은 정신분석가에게 청소년은 어떤 존재일까요? 우선, 즉각 다가오는 청소년의 초상을 그려본 후, 여러분이 그 머릿속으로 들어가 그들이 심연에서 겪는 것이 무엇인지 느껴보시게 할 거예요. 먼저 청소년의 주된 성격 특성을 그려보죠. 오늘날의 청소년 남녀는 극렬한 존재들이에요. 인생 앞에서 한껏 부풀어 오르는가 하면 금방 짜증을 내고 절망에 빠졌다가 또 금세 불처럼 행동에 나서죠. 그들 안엔 대조와 모순이 가득해요. 흥분했다가 곧 무력해지고 한없이 낙관하다가도 곧 우울해지죠. 반항하다가 곧 순응하고, 고집불통이다가 곧 깨닫고, 열광하다가 순식간에 무기력해지고 가라앉아요. 가끔은 너무 개인주의자고 오만방자해요. 한편에선 자신이 싫어지고 자신을 하찮게 느끼고 모든 걸 의심하죠. 축구선수, 인플루언서, 웹 게임 스타 등, 자기 가족의 가치관과 상반되는 연상의 인물을 추종하기도 해요. 함께 다니는 친구들과 인터넷에서 만난 친구들이 추구하는 이상만을 열정적이고 편파적으로 추구하죠. 그래요! 청소년에겐 친구들이 너무나 중요해요. 실제 진료실에서 청소년 내담자를 처음으로 만날 때, 내성적인 아이라도 제일 친한 친구 셋은 누구이고, 그들의 이름은 뭐냐고 물으면 금세 얼굴이 밝아지면서 말을 술술 꺼내죠. 청소년은 부모에게 자신이 실제 느끼는 감정과는 반대되는 감정을 표출해요. 부모에게 성질 부리며 소리쳐도, 마음속엔 아기 때 가졌던 부모를 향한 애틋한 사랑이 아직도 남아있죠. 내심 아버지를 자랑스러워하면서도 친구들 앞에선 아버지를 서슴지 않고 비난해요. 너무나 자주 보는 이런 모순은 청소년기가 아니라면 비정상으로 치부될 거예요. 하지만 청소년기에는 이보다 더 정상적인 것도 없죠!

확실히 청소년은 고통당하는 존재예요. 부모를 힘들게 하고, 또 부모 때문에 숨 막혀 하지요. 하지만 저는 이렇게 말하고 싶어요. 무엇보다 청소년은 자신에게서 벗어나 다가올 인생을 쟁취하도록, 내면의 힘에 의해 추동되는 존재라고! 청소년기는 성인기에 표출될 모든 창조 행위의 산실임을 잊어서는 안 돼요. 여러분 자신을 생각해 보세요. 젊었던 시절을요. 지금 우리가 성인이 되어 건설하는 모든 것은, 한때 우리였고 아직도 우리 안에 살아있는 그 청소년의 힘과 순수함과 용기로 이루어지는 거예요. 이러한 창조적 도약은 결코 홀로이지 않죠. 상대가 얼마나 필요한지를, 형제 자매 친구 애인 심지어 선생님까지, 얼마나 우리에겐 다른 사람이 꼭 필요한지를, **나 자신이 되기 위해 상대방이 내게 얼마나 필요한지를** 아는 것도 바로 청소년기죠. 확실히 청소년기는 인생에서 가장 비옥하고 가장 유대가 강한 시기예요.

저의 젊은 시절을 생각하면, 여러분에게 고백하고 싶어집니다. 지금 이 나이를 먹은 것이 자랑스럽다고. 여러분에게 말하고 있는 지금의 내가 될 수 있도록 저에게도 아름다운 청춘이 있었다고. 저에게 청춘의 질풍노도가 없었다면, 결코 오늘날처럼 열정적으로 일하고 사랑하지 못했을 거예요. 청춘은 시간보다 강해요. 세월은 흘러도 청춘은 남지요.

청춘 얘기를 하니, 찬란한 시인이었던 루벤 다리오의 시가 마음을 울립니다. 19세기 말의 이 위대한 시인이 쓴 구절 중에서도 이 부분은 너무나 아름다워요. 우선은 스페인어로 읊어볼게요.

juventud, divino tesoro,

¡ya te vas para no volver !

Cuando quiero llorar, no lloro

y a veces lloro sin querer

멋져요 ! 그토록 사랑한 청춘을 어쩌면 이렇게 노래했을까 !
이걸 번역해서 낭송해 보면요.

청춘, 거룩한 보배여
너는 가고 다시 오지 않는도다
울자 하니 눈물 나지 않더니
절로 눈물이 나는도다

루벤 다리오는 잃어버린 청춘을 슬퍼하지 않고 시를 통해 그 청춘을 다시 살아내요. 시인 안에 항상 살아있는 청춘이야말로 그가 창조하도록 이끄는 원동력이죠.

*

부모나 주치의 또는 학교 양호교사를 통해 저에게 오는 청소년들에 대한 이야기로 다시 가볼까요? 청소년 내담자는 자기 표현을 힘들어 해요. 자신의 고통을 말로 잘 표현하지 못하죠. 이들의 내밀한 고통을 알아차리고 적당한 단어로 표현해 주는 건 치료자의 몫이에요. 그러나 단어를 찾아줄 때도 정말 조심스럽게 위트를 갖고 말해야 해요. 도움을 받는다는 느낌 때문에 기분이 상하지 않도록! 청소년은 자신이 무엇을 느끼는지 잘 모르기 때문에 그걸 말로 표현하는 것이 쉽지 않아요. 이 말은 청소년의 침묵을 답답하게 느끼는 부모나 상담자들에게 제가 자주 해주는 말이에요. 청소년이 입을 다물고 있는 건 소통을 거부해서가 아니에요. 내면에서 일어나는 일을 반추할 줄 모르고, 자신을 괴롭히는 것이 무엇인지 말로 할 줄 모르기 때문이에요. 자신에 대해 잘 모른 채 말보다는 행동이 앞서고, 충동 행위들로 자신의 괴로움을 외부로 표출하는 것도 바로 이 때문이죠.

청소년은 그 행동 양태와 고통의 정도에 따라, 크게 세 가지 범주로 나눌 수 있어요. 정상적인 청소년/자신과 타인에게 위험한 청소년/정신질환이 있는 청소년. 첫 번째 범주는 불가피하게 터져 나오는 청소년기의 질풍노도를 그럭저럭 잘 통과해요. 청소년의 대부분을 차지하는 이들의 행동은 정상적인 청소년기 열병에 해당하며, 이런 상태는 성인기로 접어들면서 저절로 없어지죠.

두 번째는, 자신에게도 사회에도 위험한 청소년이에요. 난폭한 이 청소년들에 대해서는 여러분께 꼭 해줄 말이 있어요. 위험하고 파괴적인 이들의 행동은, 괴로워하면서도 자신의 고통에 대해 전혀 알고 싶지 않은 청소년의 자기표현이라는 점이죠. 예를 들어, 차에 불을 지르고 자기 팔뚝을 난도질하는 난폭한 소년은 화가 나 있는 불행한 친구로, 자신이 존재한다는 걸 느끼기 위해 남도 자신도 해쳐요. 고통은 그에게 살아있다는 증거죠. 이 성난 친구는 권위와 성공, 행복과 심지어 아름다움을 상기시키는 건 다 싫어요. 행복을 견딜 수가 없죠. 자신도 남도 만족해 하는 걸 보면 수치스러워요. 자신이 무시당한다고 느끼고 공격으로 반응하죠. 마치 이렇게 속엣말을 하는 것처럼요. "사람들이 날 싫어하니까 나도 증오해! 날 놀리니까 까부수는 거야!" 난폭한 이 소년은 때려 부수는 게 두렵지 않고 부순 걸 후회하지도 않아요. 처벌이 겁나지 않고, 잘못된 행동에 대한 죄책감도 없지요. 이런 부류의 청소년은 점점 그 연령이 낮아지고 있어요. 11~12세밖에 안 된 경우도 있지요!

세 번째 범주는, 불행히도 정신장애를 보이는 청소년들이에요. 정신장애 중에서도 가장 극적인 것은 조현병이죠. 조현병은 반론의 여지없이, 언제나 청소년기에 발병하고 돌보기가 힘든 병이에요. 가장 비극적인 조현병 사례는, 미국에서 19세 소년이 망상 중에, 모교인 중학교로 가서 20여 명을 죽인 사건이에요! 만일 45세의 조현병 환자에 대한 얘기가 들려온다면, 여러분은 그의 질환은 청소년기 말에 시작되었고, 현재의 위기는 청소년기에 일어난 첫 증상의 재발로 보시면 돼요.

최근 조현병이라 불리는 정신분열병은 '정신의 해리'를 뜻해요. 이러한 해리는 머리와 몸이 단절되는 형태를 띠기도 하죠. 예를 들어, 조현병 청소년은 자기 몸이 자기 것이 아니란 느낌이 들어요. 자기 손을 눈앞에 자주 들어 올려 뚫어지게 바라보고는, 과연 이 손이 자기 손인지 불안해하죠. 조현병 환자는 박해 망상에 사로잡혀 자신에게 모욕주고 지시하는 환청을 듣기도 해요. 창밖으로 몸을 던져 자살하는 일도 많아요.

저는 조현병 환자들을 잘 알아요. 이들과 잊기 힘든 강렬한 순간들을 겪었지요. 한번은 제가 레지던트로 조현병 여자 환자들의 병실을 지킬 때였어요. 여름밤이었는데, 중앙 홀 근처의 좁은 숙소에서 흰 의사 가운을 입은 채로 간이침대에 누워 자고 있었어요. 갑자기 저는 얼굴 위에서 모종의 온기를 느꼈고, 꺼림칙한 느낌에 잠이 깼지요. 눈을 떴을 때 저는 생명의 위협을 느꼈어요. 한 젊은 여성 조현병 환자가 험상궂은 표정으로, 머리를 풀어헤친 채 차가운 눈으로 째려보며 제 얼굴에 자기 얼굴을 가까이, 아주 가까이 들이밀고 있었지요. 너무 무서웠어요! 환자를 침상에 데려다주고 나서 몇 시간이 지나서야 다시 잠들 수 있었어요. 그런가 하면, 조현병 환자가 내면에서 절절히 느끼는 것을 저도 느끼는 강렬한 순간들을 겪으면서 그들을 더 잘 돌보게도 됐지요. 아직도 제가 처음으로, 망상 가운데서 환자가 느낀 그 해체의 감각을 느낀 때가 생각나요.

조현병에 대해선 이 정도로 하고, 청소년기는 강박장애OCD 등 다른 정신질환도 나타날 수 있음을 유념합시다. 엄마가 죽는 것을 피하려면, 길에서 마주치는 나무나 전봇대 같은 장애물은 다 왼쪽으로 피해야만 한다고 느끼던 한 소년이 이러한 강박장애의 예죠. 청소년기에 자주 나타나는 또 다른 정신장애는 공포증인데 특히, 일상생활에 지장을 주는 사회공포증이에요. 또 청소년기 소년들에게서 보이는, 심각한 범죄적 정신질환도 있어요. 이들은 젊은 소아성애자들로, 어린 여동생이나 남동생 또는 가족이 아닌 아이들까지도 성적으로 학대하죠. 거식증이나 폭식 후 구토와 같은 식사장

애도 흔해요. 우울증, 자살 시도, 가출도 흔한데 이것들도 심리치료와 함께, 가끔은 입원을 동반한 약물치료가 필요한 심각한 질환이죠.

성장을 위해 청소년이 직면해야 할 두 가지 시련
아동의 몸과 작별하고, 새로운 성인의 몸에 적응하기

저에게는 청소년을 돌보는 일이 정말 특별해요. 저는 청소년과 마음을 함께 다루고 그들에게 제가 도움이 되었다고 느낄 때 행복해요. 저의 목표는 청소년이 자신을 더 많이 사랑하도록 격려하는 것이죠. 저의 개입은, 청소년이 막다른 길에서 빠져나오고 그 가족이 한시름을 놓고, 성인기에 생길 수도 있는 문제들을 예방하는 데 결정적인 역할을 하곤 해요. 초반에 예고했듯이, 이제 여러분이 청소년의 머릿속에 들어가 보시도록 할 거예요. 그 머릿속이 정상이건 어지럽건 상관없이요. 자, 한때 여러분이기도 했고, 주변에서 흔히 보는 그 청소년의 머릿속에 들어가 볼까요?

저는 청소년, 소녀가 제 앞에 내담자로 앉으면, 그를 요동치게 하는 내면의 불편함이 무엇일까 알아내려고 애써요. 무엇이 불편할까 ? 두 가지죠. 그의 얼굴과 그의 표정들을 보면서, 그의 태도를 관찰하고 그가 웅얼거리는 단어들을 경청하면서, 저는 버겁기만 한 새로운 몸에 눌린 한 아이를 항상 발견해요. 마치 청소년은 어떤 혼성의 존재로, 몸은 성인인데 그 몸에 얹어진 머리는, 경황 없이 밀려드는 성적 욕동과 공격적 욕동을 감당 못하는 어린아이인 것만 같죠. 그러므로 청소년이 힘들어하는 첫 번째 불편함은 이거예요 - 펄펄 끓는 몸과, 이 몸을 통제하기엔 너무 어린 머리 사이의 싸움.

그런데 몸과 머리 사이의 싸움과는 또 다른 불편함이 있어요. 여러분 앞에 한 청소년이 앉아 있다고 합시다. 이럴 때 여러분은 이렇게 생각하세요. 우리 성인들이 매초마다 몸의 세포를 잃어가듯, 청소년은 매초마다 자신들의 아동기 세포를 잃어간다고! 이러한 상실은 눈에 보이지도 않고 느껴지지도 않으면서, 성숙에 이를 때까지 여지없이 계속되죠. 따라서 청소년의 두 번째 불편함은 이거예요 - 아동기를 애도하기.

방금 제가 '애도'라는 말을 썼는데, 애도란 무엇일까요? 예를 들어, 돌아가신 지 얼마 안 되는 가까운 사람을 애도한다는 건 무엇을 뜻하죠? 애도란 우리가 사랑했고 우리가 떠나보낸 그 사람 없이 살아야 한다는 걸 받아들이는 데 필요한 시간이에요. 그의 부재 가운데 살아가는 것을 수용한다는 건, 그 사람을 다른 방식으로 사랑할 줄 알게 된다는 거예요. 그가 살아있을 때와는 다르게 사랑하는 법을 배운다는 뜻이죠. 어머니가 살아있을 때는 좋아서 껴안았지만, 떠나고 난 지금엔 여전히 그녀를 사랑하지만 마음으로 사랑하지요. 한마디로 애도란, 나에게 소중한 떠나간 그 사람을, 그의 부재 가운데서도 사랑하는 법을 배운다는 것이에요. 이렇게, 청소년도 잃어버린 자신의 아동기를 사랑하는 법을 하루하루 배우죠. 과거에 자기였던 그 아이를 사랑하는 것은 청소년이 성인이 되었다는 첫 번째 신호예요. 물론 누구도 완전히 성인이 되진 못해요. 그래도, 청소년이 청소년기를 넘어갔다는 걸 입증하는 성숙의 두 가지 신호는 있어요. 첫 번째, 청소년이나 소녀는 성인 남성이나 여성이 무엇인지 직감적으로 이해해요. 두 번째, 자신이 원할 때는 원하는 방식으로 다시 아이가 되는 것을 허용해요. 이를 부끄러워하지 않으면서요. 성숙의 세 번째 신호는, 사랑하는 사람에게 의존하고 있음을 불편해하지 않는 거예요. 사랑 안에는 의존이 내재되어 있죠. 의존 없는 사랑은 없어요. 자신이 아이인 것을 보여주는 건 우스꽝스럽다거나, 정서적으로 누군가에게 의지하는 건 부끄러운 일이라고 믿는다면, 이런 예민함이야말로 이 소년·소녀가 아직 청소년기를 벗어나지 못했음을 말해주죠. 성숙의 세 가지 신호를 다시금 정리해보면, 성인이 됐다는 건 자신의 아동기를 사랑하고 애처럼 구는 것을 주저하지 않고, 자신이 의존돼 있음을 부끄러워하지 않는다는 거예요.

끝으로, 저는 지금의 청소년들에게 경의를 표하고 싶어요. 청소년은 아동기의 몸과, 자신이 나고 자란 가족의 세계와 작별해요. 아동기 이래로 자신이 느끼고 감지하고 바랐던 모든 것을 간직한 채, 나 자신이라는 내밀한 감수성을 간직한 채로 말이죠. 이 내밀한 보석, 모두가 내면 가장 깊숙한 곳에서 느끼는 이 정체성은 항상, 세월이 가고 몸은 시들어도 한때 나였던 그 순진한 아이의 웃는 얼굴을 하고 있죠. 우리 성인의 가슴에 생생히 살아 있는 그 아이를, 조르쥬 베르나노스George Bernanos는 놀랍게 표현했어요.

분명코 내 삶은 이미 죽은 자들로 가득해
허나 이 죽은 자들 중에서도 가장 많이 죽어 있는 건
한때 나였던 바로 그 어린아이지
그래도 떠날 날이 됐을 때
내 삶의 선두에 서서, 젊은 장교가
오합지졸의 늙은 병사들을 다시 규합해 내듯
내 처절한 세월을 마지막 순간까지 그러모아
하늘 아버지 도성에 맨 먼저 들어갈 자는
바로 이 어린아이리라

잠시 시인의 말은 내려놓고, 저 혼자 되뇌어 봅니다. 우리가 생을 마감하는 그 순간, 다시 우리는 겁먹고 떠나는 한 어린아이가 될 거라고. 남성이건 여성이건, 죽음의 순간에 죽는 그 사람은 항상 한 어린아이라고.

부모에게 주는 조언

위기 청소년을 어떻게 대해야 할지 몰라 찾아오는 부모님께 자주 드리는 조언이 있어요. 맨 먼저 드리는 조언은 예방 차원이죠. "**청소년기는 이미 3세부터 준비되니, 어린 자녀에게 좋은 습관을 들이시라** !" 그들에게 규칙적으로 식사하고 잠자리에 들게 하세요. 장난감을 정돈하고, 다음날 학교에 입고 갈 옷과 가방을 전날에 준비하는 습관도요. 아동기에 들인 좋은 습관은 청소년기를 잘 지나는 비결이죠 !

두 번째 조언은 이거예요. "**기다릴 줄 알아야 한다.**" 무엇보다도, 까다로운 청소년을 다루는 최고의 명약은 시간임을 잊지 마세요. '젊어서 그렇지' 하는 옛말도 있잖습니까. 자녀의 소동으로 인한 짜증도 곧 끝나려니 하세요. 끝날 수밖에요. 청소년기는 시작과 끝이 있는 인생의 한 단계임을 유념한다면, 기다릴 힘도 생기고, 부모와 자녀가 꼭 거쳐야 하는 이 시기에 내재된 근심들을 더 잘 견디고 이해하게 되죠.

세 번째 조언은 이것입니다. “**입장을 바꿔놓고 생각해 보시라.**” 자녀의 입장에서는 부모의 훈계가 어떻게 들릴까요? 그들이 듣는 건 꾸지람이 아니에요. 비난의 말을 통해 그들이 듣는 건 훨씬 더 깊어요. 부모의 사랑이 굳건한지 아니면 흔들리는지를 듣죠. 부모의 실망과 화와 분노를 넘어, 자녀는 용납될 수 없는 자신의 행동에도 부모가 마음 깊은 곳에서는 흔들리지 않는다는 걸 느껴야 해요. 부모가 나에 대한 신뢰를 잃어버린 건 아니라는 것을, 다음엔 더 잘할 거라고 믿고 있다는 걸 느껴야 하죠. 한마디로, 문제 행동과 자녀라는 사람을 분별하고, 본질과 사건을 구별할 수 있어야 해요. 못된 행동은 꾸짖되, 부모의 신뢰까지 철회해서는 안 되지요. “정말 화난다! 너의 태도는 용납할 수 없어! 네가 나쁜 사람이 아니란 건 알아. 잠바를 훔친 건 너지만 네 자신은 아니지. 잠바를 훔친 게 너란 건 사실이야, 하지만 그걸 후회하고 있으니 너의 본질은 또 아니지!”

네 번째 조언은 이겁니다. “**협상할 수 있어야 한다.**” 금지도 제재도 가할 수 있어야 하지만 자녀와 타협할 수도 있어야 해요. 자녀가 일탈행동을 했을 때(예를 들어, 늦은 시간에 술에 취하거나 마리화나 냄새를 풍기며 집에 들어왔을 때) 곧바로 발끈하지 마세요. 다음날까지 기다렸다가 단호하면서도 열린 마음으로 대화하세요. 경찰이나 친구처럼 굴어선 안 됩니다. 자녀는 부모에게서, 필요하다면 주저 없이 한계를 설정하는 성인보호자 역할을 기대한다는 것을 잊지 마세요. 한계를 설정한다는 것은(항상 자녀에게 모멸감을 주거나 직격하는 일은 피하면서) 금지한다는 뜻도 되지만 자녀와 협상한다는 뜻이기도 해요. 이런 협상은 어렵고 결렬되기도 쉬운데, 부모가 적극 나서서 타협하는 것이 바람직하죠. 예를 들어, 주말에 함께 가출한 친구들을 집으로 오게 해서 파티를 열도록 권할 수도 있어요. 이러면 자녀는 친구들 앞에서 자존감이 서고, 부모는 자녀가 어떤 친구들과(좋건 나쁘건) 어울리는지 알 수 있어요. 이제 부모가 자녀 상황에 대해 더 잘 알게 됐으니, 이후 적당한 기회를 봐서 지난번의 가출이나 음주 혹은 마리화나에 대해서 자녀와 다시 얘기해 볼 수 있을 거예요.

다섯 번째 조언은 이거예요 : "**비교하지 마시라.**" 자녀를 꾸짖을 때 형제자매 중 누구 혹은 모범적인 다른 청소년과 절대 비교하지 마세요. 본이 되는 것과 비교하면 자녀가 자극 받아서 더 잘할 거라고 생각하시는데, 이건 오판이에요. 비교는 자극을 하기보다는 의기소침하게 하고 멸시감을 주죠.

여섯 번째 조언은 이렇습니다. “**절대 자녀에게 실패를 예고하지 마시라**.” 오히려 항상 성공을 예고하세요. 예를 들어, 학업에 열중하게 하려고, 공부 열심히 안 하면 인생 망친다고 겁주지 마세요. 실패에 대한 위협이 그를 촉진하진 못해요. 자녀가 문제들을 미리 예상하고 피할 수는 없어요. 그는 현재만을 살기 때문에, 자존심 상해서 분발하기보다는 부모가 위협적으로 꺼낸 그 ‘실패’라는 단어만을 기억하죠. 여러분은 자녀가 무서워서 열심히 공부하길 바라지만, 그에게는 ‘너는 실패할 거야!’란 말만 들려요. 이래서 제가 자녀에게 실패로 위협하지 말라는 거예요. 차라리 자기 수준에 맞는 과외를 받도록 하는 것이 나아요. 이렇게 공부하는 법을 알게 되고 배우는 즐거움을 맛보다, 혹 성적이 좋아지면 자신에 대한 이미지도 더 좋아지죠.

일곱 번째 조언은 이거예요 : “**집에선 내놓은 문제아지만 밖에선 흠 잡을 데 없는 사람일 수도 있음을 인정하시라**.” 실제로 부모들은 문제 자녀가 친구 사회에서 추앙받는 걸 보고 깜짝 놀라기도 해요. 어떻게 이걸 설명할 수 있을까요? 우선 자녀들은 부모의 사랑을 숨 막히는 압력으로 경험할 수 있음을 알아야 해요. "부모님이 날 사랑한다는 거 알아. 하지만 난 그들의 사랑을 느낄 수 없어. 그들은 내 성적에만 관심 있지 나한테는 관심 없어. 나를 사랑하는 게 아니라 나를 판단해. 하지만 우리 할아버지, 할머니는 날 판단하지 않으시고 있는 그대로 나를 사랑해 주셔. 이건 대가 없는 사랑이야. 이런 사랑은 존재불안을 주지 않고 나를 힘나게 해!" 왜 판단 받는다고 느끼는 집안에선 아이가 괴물이 되고, 판단 없이 사랑받는다고 느끼는 외부에선 유쾌한 인물이 되는지, 이제 그 이유를 아시겠죠? 왜 청소년에겐 조부모, 삼촌, 가족과 친분이 있는 사람, 의사, 선생님이 더 잘 받아들여지고, 위기 시에 이런 사람들이 더 긍정적인 역할을 할 수 있는지도 아시겠죠? 마지막 조언은, 자녀가 여러분이 꿈꾸던 사람이 될 거라는 기대를 버리라는 거예요. "**현실을 받아들이고 자녀를 있는 그대로 사랑하세요.**"

지금까지, 부모에게 제가 자주 하는 권면들을 정리해 봤어요. 이것들을 한 문장으로 요약하면 이거죠. "**당신의 청소년 자녀가 변화되길 바라신다면, 당신 자신이었던 그 청소년을 절대 잊지 마시라.**"

5

마리아 칼라스

심장을 두드리는 그 목소리

나에 대해 알고 싶나요 ?

나의 모든 것은 내 노래 안에 있답니다.

Maria Callas

잠깐만요 ! 아직은 내용을 읽지 마세요 ! 라 칼라스의 저항할 수 없는 그 목소리부터 먼저 들어보세요. 제가 푸치니의 오페라 <마담 버터플라이>의 가장 격앙된 소절을 들을 때 느끼는 그 감정을 여러분도 느끼셨으면 해요. 핸드폰에서 'Un bel di, vedremo...'를 검색해 보세요. 여러분이 들으실 이 곡은 18세의 한 젊은 일본인 여성, 버터플라이가 부르는 희망의 노래예요. 여자를 잘 유혹하는 장교인 그녀의 남편이 먼 여행에서 돌아올 날을 초조히 기다리는 주인공의 노래죠. 여인은 이렇게 노래해요. "어느 화창한 날, 보게 될 거야... 수평선 너머로, 사랑하는 이를 태운 돛단배에서 피어오르는 연기를!" 이제 눈을 감고 이 음악을 들으며, 사랑하는 이의 귀환을 애타게 기다리는, 사랑에 빠진 한 여인의 애절한 감정을 상상해 보세요. 비교 불가한 그 목소리의 매력에 빠져서...

대단한 노래! 대단한 목소리죠! 주인공의 비극을 여기서 다 말하진 않겠어요. 기다리던 남편이 마침내 돌아왔는데... 다른 여자와 함께였다는 것 정도에 그치죠. 치욕스러운 배신에 무너진 그 여인은 아버지의 단도로 자결하고 말지요.

*

많은 연상을 불러일으키는 이 목소리는 어디서 왔을까요? 마리아 칼라스의 비결은 무엇일까요? 칼라스의 내밀한 삶까지 알고 싶어 했던 한 기자에게 칼라스는 이렇게 답했어요. "너무 들추지 마세요! 나에 대해 알려고 하시는 건 다 내 노래 안에 있어요." 그녀의 말을 본 따 저는 이렇게 말하고 싶어요. 이 성악가에 대해 우리가 알려고 하는 건 다 그녀의 목소리 안에 있다고. 그러니, 이 위대한 소프라노의 비결을 알고 싶다면, 그녀의 목소리에 담긴 비밀을 밝혀야 해요. 그 비밀은 바로 그녀의 목소리가 주는 임팩트에 있죠. 맞아요. 목소리의 비밀은 노래하는 자의 목청 안이 아니라, 노래를 듣는 사람의 감정 속에 있지요. 목소리에 마음을 열면 그 목소리는 나를 뚫고 들어와 어느덧 나는 무아지경이 되고 감정 자체가 되죠. 이 디바가 버터플라이의 그 광적인 희망을 표현하기 위해 음량과 목소리 톤을 조절하면 노래는 너무 비통해져 우리는 사랑에 빠진 그 젊은 여인의 불안초조를 절절히 느끼게 돼요. 청중의 즐거움은 바로 이것이죠. 극중 인물이 느끼는 그 감정을 나도 상상하고 느낀다... 나를 열어젖히는 그 목소리와 노래 덕분에 ! 그 순간 절절한 내 감정은 너무 격해져 나도 모르게, 남편을 기다리며 걱정하는 그 젊은 여인이 돼 있지요. 내가 곧 마담 버터플라이이고, 그녀의 아픔을 느껴요. 그렇다고 관람석에 앉아 있는 내가 괴로운 건 아니죠. 실제로 타격을 입지는 않으면서 그 비극적 열정을 경험하는 건 대단한 희열이죠. 이제 막이 내리고, 박수소리가 터져 나옵니다. 우리는 극장을 나와 가뿐해진 마음으로 웃음짓지요. 동화와 같았던 그 두 시간 동안, 상상하고 감동하는 능력을 발휘한 뒤에 행복해진 채로요.

분명코 마리아 칼라스의 말이 맞아요. 우리가 그녀에 대해 알고자 하는 모든 것은 그녀의 노래 안에 있어요. 그녀의 노래는, 여주인공의 감성을 포착해 자신의 목소리로 드라마틱하게 표현하는, 듣는 사람의 심중을 울리는 아티스트의 노래이기 때문이죠. 칼라스는 성악가일 뿐 아니라, 자신의 배역에 온몸을 던지는 탁월한 비극 배우이기도 해요.

아주 어려서부터 마리아는 자신이 노래하면 바로 사랑받고 인정받는다는 것을 알았어요. 자신의 필살기는 외모나 지성이 아니라 목소리라는 걸 알아차렸지요. 이렇게 해서 꼬마소녀에게는 자신의 목소리에 대한 식지 않는 열정이 생겨났어요. 시간이 가면서 그녀의 목소리는 점점 자신의 가장 충직한 동반자이자, 요구 많은 까탈스러운 동반자이며 가장 제어하기 힘든 동반자가 돼요. 그러다가 생애 끝엔 가장 허약한 동반자가 되죠. 목소리는 그녀의 모든 관심과 노력의 대상이 돼요. 육상선수가 근육을 단련하듯 그녀는 자신의 목소리를 조련했지요. 매일 14시간이 넘게! 그녀는 말했어요. "가장 큰 기쁨이자 가장 큰 고통은 내 목소리를 길들이는 일이에요." 또 커리어를 위해 여성의 삶과 엄마로서의 삶을 희생시키는 것도 고통이었죠. 그녀가 한 번도 출산하지 않았다는 걸 기억합시다. 목소리가 자신의 전부였기에 소리를 완성하느라, 사회적 관계들은 뒷전이었지요. 그녀의 근시도 예술에 도움이 됐어요. 그녀는 자신이 맡은 가사는 물론 다른 인물들의 서창부까지 모두 암송하지 않고서는 무대에 오르지 않았어요. 근시였기 때문에 오케스트라 지휘자의 지휘봉을 보고서 따라갈 수가 없었죠. 그래서 저명한 지휘자인 허버트 폰 카라얀이 이렇게 말했다고 해요. "마리아, 나를 보지 않고 노래해도 돼요. 당신의 리듬 감각과 무대 흐름에 대한 직감은 오케스트라와 딱 맞아떨어지니까."

비범한 운명의 원천은
어머니

칼라스가 목소리 완성에 끈질겼던 데엔 어머니의 영향이 컸다고 전 확신해요. 마리아의 어머니는 전기 작가들에 의해 혹평을 받았지요. 하지만 그렇지 않다는 데 저는 한 표 던져요. 왜 그녀의 어머니를 독재자로 평해야 하나요? 오페라 애호가로서 딸이 항상 목소리를 다듬도록 힘과 용기를 불어 넣은 사람인데 말이죠! 군인의 딸이었던 어머니, 이반젤리아는 마리아에게 일과 훈련에 대한 취향을 물려줬어요. 마리아 칼라스는 노력 없이도 되는 신동이 아니었어요. 같은 분야에 열정을 가지고 자녀에게 성공의 의지를 불어 넣어준 부모 없이도 그 분야에서 성공하는 사람은 드물죠. 아버지는 집에 없는 때가 많았고 음악에도 거의 관심이 없었기 때문에, 성악에 입문하기 위해 마리아는 어머니를 바라볼 수밖에 없었어요. 이반젤리아는 이렇게 미래에 거장이 될 딸의 첫 번째 스승이 되죠. 나중엔 모녀 갈등으로 괴로워하지만, 14세인 딸을 데리고 미국에서 아테네로 건너가, 저명한 스페인계 소프라노였던 엘비라 데 이달고에게 사사 받게 한 대단한 어머니였죠. 어머니의 이런 강단이 없었더라면 라 칼라스도 없었을 거예요. 하지만 둘의 사이는 시끄러워집니다. 왜냐고요? 아이들은 성인이 되면 부모에게 종종 배은망덕하게 구는데, 자기한테 잘해준 부모에게는 더욱 그렇지요. 이런 자녀들은 누구의 도움도 없이 혼자 컸다고 생각해요. 자신에게 너무 많은 걸 전수해 준 어머니에게, 마리아가 그랬지요.

어머니와의 관계는, 22세의 이 젊은 여가수가 그리스를 떠나

아버지를 보러 미국에 돌아왔을 때 완전히 끝나요. 이때 이반젤리아는 딸의 배은망덕함에 상처를 입고 이렇게 씁쓸히 말했어요. "내가 라 칼라스를 만들었건만, 그녀는 가차 없이 날 버리네." 마리아도 할 말이 있었어요. 공포로 음악을 배우게 하고, 자기가 몹시도 사랑하는 아빠를 경멸하면서 자신을 길렀다고 엄마를 원망했죠. 흔히 여자 청소년은 엄격하고 온갖 간섭을 하고 지배적인 어머니보다는, 바람둥이일지언정 온유하고 간섭도 없고 소극적인 아버지에게 더 애착해요. 이런 딸은 아버지에게는 다정하게 살피는 관대한 사랑을 보이는 반면, 어머니에게는 끈질기게 앙심을 품지요. 세 사람이 신경증적인 갈등에 사로잡혀 있는, 이러한 가족 역동은 후일 마리아의 애정 생활에 영향을 주게 돼요. 실제 애정 관계나 직업 관계에서 그녀는 항상 아버지 역할을 하는 동반자를 택했어요. 26세 연상의 남편이자 극장주였던 바티스타 메네기니 외에도, 나이가 훨씬 많은 다른 남성들과 삶을 함께했지요. 그녀에게 많은 걸 가르쳐준 마에스트로 툴리오 세라핀, 그녀를 밀라노 스칼라 극장에 입성시킨 위대한 지휘자 아르투로 토스카니니 등과 말이죠.

아내는 남편과 더불어 엄마와의 갈등 관계를 재현한다

나이 많은 남자들에 대한 마리아의 애정을 아버지와의 관계로만 설명할 수는 없어요. 마리아는 그녀를 크게 도와준 모든 멘토들을 무의식적으로 선택했지만, 그들은 모두 어머니 같은 인물이었요. 그래요! 어머니의 화신들이었죠. 그녀의 선생이자 가이드였던 그 유력한 남성들은 그녀가 사랑한 아버지를 대신한 것이 아니라, 까다로운 그녀의 첫 번째 스승인 어머니, 이반젤리아를 대신한 인물들이었어요.

놀라워요! 정신분석가인 저의 경험상, 여성들은 남편을 고를 때 아버지보다는 어머니의 영향이 훨씬 더 커요. 여자는 아버지에 대한 사랑을 모델로 남자를 고른다는 통상의 관념과는 반대죠. 이런 관념은 틀릴 때가 많아요. 다시 말하지만, 남성 배우자를 고를 때 여자들은 아버지와의 애착관계보다는 어머니와의 애착관계를 재현하는 경향이 커요. 20년 동안 그녀의 커리어를 지휘했던, 메네기니와의 결혼을 생각해보면, 마리아가 그 대표적인 예죠. 구체적으로 말해, 여자가 배우자를 고르면 속은 엄마, 겉은 아빠인 것을 볼 수 있어요. 마치 그 배우자가 본질적으론 엄마와의 갈등적이고 격한 관계에 영향을 받아 선택되었고, 부차적으론 아버지에 대한 따스한 애정에 영향을 받아 선택된 것처럼 보이죠. 마리아에게 메네기니, 세라핀, 토스카니니는 겉으론 인자한 아버지들이지만 속으론 까탈스런 엄마들이었어요. 마리아에게 자신을 넘어서려는 맹렬한 의지를 불러일으킨 까탈스러운 엄마들이었죠.

*

이제, 남성들에 대한 마리아의 조금 다른 유형의 사랑을 살펴볼까요. 그녀의 불타는 사랑이었던 애리스토틀 오나시스가 생각납니다. 늘씬해지고 우아한, 34세의 마리아 칼라스는 바로 이 선박업주와 육체적인 쾌락을 발견하게 돼요. 남편이었던 메네기니가 그녀의 첫사랑인 건 분명하지만, 그녀의 첫 애인은 바로 오나시스였어요. 남편과는 안전한 사랑을 경험하고, 애인과는 성적 쾌감을 경험했지요. 그전까지는 온몸이 성악에 동원돼 있었어요. 이제, 마리아는 애인의 육감적인 어루만짐 아래에서 떠는, 새로운 몸을 발견해요. 이

후로는 새로운 감성에 취해 자신의 예술은 제쳐두고, 강렬한 교접의 관능을 알고 생생히 다가오는 육감의 리듬에 전율하며, 욕망하고 욕망되는 그 기쁨에 몰입하게 되죠. 이제 그녀는 두 애인 사이에서 조율을 해야만 해요. 가장 신실한 애인인 자기 목소리와 덜 충직한 애인인 오나시스 사이에서 말이죠. 오나시스가 칼라스의 삶에서 급반전이었던 건 맞지만, 그가 그녀를 아프게 했어도 목소리를 잃은 것에 비하면 아무것도 아니었어요. 결국 그녀의 목소리만이 유일하고 영원한 사랑이었죠.

생애 끝 무렵, 53세에 조루쥬 만델가의 자택에서 숨지기 전에, 그녀가 뚫어져라 보았던 것은 오나시스와의 무상한 열정을 담은 추억 사진들이 아니라 그녀의 공연 영상들이었어요. 그녀는 슬픔으로 죽어갔어요. 애인에게 버려져서가 아니라, 그녀에게 가장 소중했던 목소리를 잃어버렸기에...

평범한 여자

사람들은 마리아 칼라스를 화 잘 내고 괴상한 디바로 묘사해요. 그녀의 가장 아름다운 러브스토리는 자신의 목소리였다고 가정하면, 엄마사자가 새끼들을 돌보듯 그렇게 마리아는 자신의 목소리에 공을 들였음을 알게 돼요. 그녀는 소중한 성대가 상하지 않도록, 에든버러 공연 때 8번째 앙코르를 거절했어요. 언론은 이렇게 헤드라인을 뽑았죠. "마리아 칼라스의 변덕! 더 이상 노래 안 한다 !" 정말 가짜 뉴스였지요. 그녀에겐 컨디션 조절의 문제였으니까요. 언론과의 관계에서 그녀는 굉장히 재치 있게 응답하기도 했어요. 한번은 뉴욕에서 어떤 기자가 그녀에게 다가와 이렇게 말하며 아부를 떨었죠. "당신은 우상이에요 !" 그녀는 곧장 응수했어요. "저는 우상이고 싶진 않아요. 우상은 당신네들이 만들어내고 이튿날 태워버리죠." 보다시피 그녀는 대단히 명철했어요. 다른 인터뷰에선 이렇게 말했지요. "오페라의 한 인물을 연기하려면 다시 학생이 돼야 해요. 음악학교의 한 학생으로 돌아가야 하죠. 악보대로 정확히 연주해야 해요. 어떤 애드리브도 하면 안 돼요. 적힌 가사들도요." 남들도 자신만큼이나 엄밀하기를 바라는 완벽주의자의 겸손이죠. 그녀는 일부 연주자들의 용렬함을 참지 못했어요. 그들에게도 자신이 노래하는 것만큼 세밀히 연주해줄 것을 끝없이 요구했죠. 분명히, 성공에는 네 기둥이 필요해요 - 재능, 노력, 기회, 깨달음. 아시다시피 마리아의 재능과 노력은 확고했어요. 그녀에게 기회는 거장들과의 만남이었어요. 그녀의 깨달음은 성공에 취하여 자만하지 않도록 해주었죠.

마리아는 평범한 여성이길 바랐을지도 몰라요. 인생 말기에 그녀는 고백했어요. "다른 사람들처럼 나도 집이랑 남편 그리고 아이들이 있는 평범한 여자였다면 좋았을 텐데. 운명은 그렇지가 않았죠." 끝으로 저는 이렇게 말하고 싶군요. 마리아 칼라스는 평범한 여성의 삶을 포기하고, 비범한 여성의 삶을 이루었다고!

6

로라의 눈

정신분석가의 18시간

제가 정신분석가로서 보내는 18시간 안으로 여러분을 초대하고 싶어요. 우리의 여정은 3막으로 진행될 거예요. 이 여정은 로라와의 상담을 마치고 번개처럼 제게 떠올랐던 것으로부터 시작돼요. 그리고 그날 열린 히스테리 연구모임으로 이어져, 그 다음날 로라와의 새로운 상담으로 끝을 맺죠. 이 여정에는 한 여자아이가 계속 등장해요. <비둘기를 안은 아이>라는 그림에 나오는, 슬픈 눈을 가진 소녀요. 지금 인터넷에서 피카소의 이 그림을 찾아보세요. 그리고 이 장을 읽는 동안 그림을 계속 주시해 보세요.

1막

상담을 마치고 저는, 상담실 문 앞까지 같이 가서 '내일 만나요!' 하고 로라를 배웅합니다. 조금 후 우편물을 찾아오려고 진료실에서 나와 우편함으로 가다, 건물 홀에서 울고 있는 로라를 발견하고 놀라요. 상담 중에 이런 눈물은 전혀 예기치 못했죠. 서로 눈치를 보다, 그녀가 우는 걸 보고 괜찮으냐고 제가 물어요. 로라는 머리를 끄덕여 보이고, 방해하지 않으려고 저는 다시 진료실로 돌아가죠. 그 순간 바로 저에게 선명한 어떤 이미지가 떠올라요. 그 이미지에 사로잡혀 저는 이렇게 혼잣말을 했죠. "두 눈이 우는 걸 봤어." 그리고 다시 속엣말을 해요. "어떤 사람이 우는 걸 본 게 아니라, 두 눈이 우는 걸 봤다고." 마치 슬픔을 겪는 그 사람과 분리하여 슬픔 자체를 보는 것이 가능하기라도 한 듯이. 곧 저는 다른 내담자들을 경청하느라 여념이 없게 돼요.

로라는 35세의 여성으로, 일러스트레이터고 혼자 살아요. 너무 아끼던 여동생인 도라가 자살한 후 우울증 때문에 저를 찾아왔지요. 도라의 자살은 생각지도 못한 일이었고, 그녀는 동생의 자살을 받아들이지 못했어요. 일에 흥미가 떨어지고 홀로 한없이 곱씹고만 싶고, 불면증이 계속되고 모든 게 귀찮았어요. 이러한 애도의 증상은 끝날 줄을 몰랐죠. 로라는 예쁜 여성인데, 외도하는 유부남들하고만 연애를 했었어요. 그러다 뼈아픈 실연을 당한 뒤론 성관계를 아예 포기했죠. 다정하게 내 편을 들어주는 남자, 그래서 커플의 행복을 맛보게 할 그런 남자를 못 만나 아쉬웠어요. 그녀는 만성 편두통에 잦은 어지럼증과 구역질도 호소했지요. 첫 상담에서 전 알았어요. 로라는 히스테리 환자로서 우울증을 겪고 있다는 것을.

2막

두 눈이 울고 있는 형상에 압도된 그날 저녁, 저는 히스테리 연구모임에 참석했어요. 모임 토론 시간에 굉장히 흥미로운 생각이 났는데, 다음날 로라와의 상담에 영향을 줄 만한 생각이었죠. 무슨 생각이었냐고요? 이에 답하려면, 히스테리가 무엇인지에 대해 잠시 설명해야 해요.

'히스테리hysterie'라는 말은, '자궁'을 뜻하는 그리스어 '휴스테라hustera'에서 나왔어요. 히스테리는 이미 고대 그리스에서도 발견되는데, 여성에 나타나는 성욕의 폭발과 존재불안의 급등을 가리켰죠. 이러한 폭발적 성욕이나 존재불안은 미쳐 돌아가는 자궁 때문이라고 봤어요. 플라톤은 <티마이오스(기원전 350년)>에 이렇게 썼어요. "우리가 자궁이라고 부르는 것은 여자 안에 있는 짐승인데, 아기를 갖고자 하는 욕구가 있어 오랫동안 결실이 없으면 안달하며 온몸을 돌아다닌다. 여자들을 숨 막히게 하고, 극도의 불안에 빠지게 하며, 온갖 병에 걸리게 한다." 전적으로 여성의 질환으로 간주된 히스테리에 대한 아주 초창기 관념을 보여주는 놀라운 문헌이죠. 오늘날 히스테리는 여성뿐 아니라 남자도 걸리는 신경증으로 알려져 있어요.

그런데 더 엄밀하게, 히스테리는 무엇일까요? 히스테리는 세 가지로 정의할 수 있어요. 우선, 히스테리는 사랑하는 방식이에요. 대개는 안 좋게 끝나는, 나쁜 사랑의 방식이죠. 왜일까요? 히스테리 여성은 간혹 남자를 열정적으로 유혹하지만, 끝에 가서는 거절해요. 만일 제가 히스테리 여성이라면, 저는 한 남자에게 매료돼요.

분명히 저는 그 남자를 유혹하고 흥분시킬 거예요. 하지만 성행위 즈음엔 그에게 나를 내주는 것이 너무 두려워 그를 낙담시키고 말죠. 히스테리 인간은 욕망을 불러일으키고선 만족시키질 않아요. 추파를 던져놓고 상대를 좌절시키는, 이러한 사랑 방식은 관계 파탄으로 갈 수밖에 없지요.

히스테리 환자의 두 번째 특징은 행불행과 상관없이 모든 정서적 상황에 대한 과민성이에요. 이러한 과민성은 로라의 편두통, 허리 통증, 다리 경련, 의주감(손가락에 개미가 기어다니듯 근질거리거나 따끔거림), 안면이나 목 아래쪽 홍조, 호흡 곤란 같은 신체 증상으로 나타나요. 로라의 경우처럼, 끈적거려서 성기의 점착성을 상기시키는 모든 것에 대한 혐오도 이런 과민성의 하나죠.

이런 혐오와 관련하여, 히스테리 환자의 성생활은 확실히 모순적이에요. 한편으로는 관능적이고 요염한 행동으로 모든 사회적 관계를 성적인 것으로 만들어요. 또 한편으로는 성교와 관련된 것은 다 혐오해요. 온통 성으로 가득하면서, 정작 본인이 성적이어야 할 때, 즉 성관계 시엔 성적이지 않죠. 이런 히스테리 신경증 환자들에겐 성불능이나 질경련과 같은 성적 장애들이 흔해요. 남성 히스테리 환자는 질 삽입이 어렵고, 여성 히스테리 환자는 삽입을 허용하기가 힘들어요.

히스테리 환자의 세 번째 성격특성은, 상대방의 감정에 병적으로 젖어 든다는 거예요. 한 환자가 저에게 말했듯, "난 정말 스펀지예요. 세상 모든 불행을 빨아들이죠!" 마침, 그날 저녁 연구모임에서 다룬 것도 바로 히스테리 환자의 투과성이었어요. 앞서 말했듯, 이 토론 시간에 떠오른 황당한 생각이 이튿날 로라와의 상담에 영향을 미치게 돼요. 저는 동료와 대화하면서, 히스테리 환자의 강한 피암시성은 일찌감치 아동기에 생겨난다는 것을 알았어요. 이런 아동의 세계에 살고 있는, 사람 모습의 인물들이(모형인간, 플러시 천으로 만든 장난감 동물, 미니어처 인형, 만화 주인공) 히스테리 장애가 생성되는 데 큰 영향을 준다는 것도 알게 됐지요. 그래서 저는 이런 결론을 내렸어요. 효과적인 치료자라면, 아동기에 실제나 상상의 인물 중 좋아했거나 겁냈던 인물이 있었는지 환자에게 찾아보게 해야 한다고. 예를 들어, 자신이 몹시 좋아하고 분신처럼 여겼던, 어떤 상상의 존재가 있었는지 환자에게 물어봐야 한다고.

3막

이튿날 저는 다시 분석가의 자리로 돌아가 환자들을 맞이할 준비를 해요. 히스테리 환자를 볼 때는, 지금의 고통을 불러왔을 수도 있는 모형 인간들이나 다른 아동기 인물들을 유념해야 한다는, 전날에 떠올랐던 그 생각을 가지고서요.

그날 아침, 이런 상황에서 저는 로라를 맞이해요. 그녀가 카우치에 앉는 것을 보면서 저는 갑자기 어제 건물 홀에서 받았던 그 괴상한 인상이 다시 떠올라요. "두 눈이 우는 걸 봤어!" 상담 초반에 바로 로라는 어제의 눈물에 대해 언급했어요. 저로선 제가 받았던 그 강한 인상에 대해 그녀에게 곧바로 말할 생각은 없었죠. 그녀가 편두통에 대해 말하고 있는 동안, 히스테리 환자들의 아동기에서 인형들이 하는 역할에 대한 생각이 다시 떠올랐어요. 저는 속으로 이렇게 자문했어요. "내게 떠올랐던 그 커다란 눈의 이미지가 로라가 어려서 좋아했던 어떤 인형의 눈은 아니었을까?"

몇 분 후, 로라가 제 말을 경청한다는 느낌이 들었을 때 저는 그 질문을 해보기로 했죠. 아직 그 눈들에 대해선 언급하지 않으면서요. 저는 어렸을 때 갖고 놀던 인형들에 대해 말해달라고 했어요. "인형들이요?" 로라가 말했어요. "전 인형들이 거의 없었어요. 아기인형들은 있었죠. 요즘처럼 말랑말랑하고 보드라운 인형이 아니라 딱딱한 질감의 아기인형들이요. 아! 이제 생각났어요! 굉장히 특이한 아기인형이 있었어요. 딱히 인형은 아니었고, 그림 속에 그려진 아이였죠. 커다랗고 슬픈 눈을 가진 어린 여자아이였는데, 손에 비둘기를 들고 있었어요. 피카소 그림의 복사본이었던 거 같아요."

로라가 말을 맺기도 전에 전 깜짝 놀랐어요. 제가 상상하던 것을 그녀가 말했으니까요. 건물 홀에서 울고 있을 때 보았던 그 커다란 눈은, 그녀의 어릴 적 인형의 크고 슬픈 눈이라고 상상했었지요. 그런데 지금 로라가 그 크고 슬픈 눈에 대해 말합니다. 그것도 인형이 아닌 그림 속에 등장하는 인물의 눈이라고! 로라의 슬픈 눈과 비둘기를 든 그 어린 여자아이의 관계가 너무 명백해서 저는 로라에게 그날 홀에서 있었던 일을 고백하지 않을 수 없었어요.

그런데 제가 말을 하려던 순간, 다른 생각이 저의 말을 막았어요. 분석치료 초기부터 여동생인 도라의 슬픈 눈빛에 대해 로라가 말하던 기억이 떠올랐죠. 저에겐 이렇게 세 겹으로 투명하게 겹쳐진 몽타주가 그려졌어요. 세로로 겹치는 각 면에는 두 눈이 새겨져 있었죠. 눈들은 서로 겹쳐 하나의 눈이 되었고, 그 눈에선 슬픔이 배어났어요. 로라의 슬픈 눈에 사망한 여동생의 슬픈 눈빛이 더해졌고, 거기에 또 비둘기를 든 여자아이의 슬픈 눈이 더해졌지요.

부지불식간에 저는 피카소 그림의 그 여자아이의 슬픔이 로라의 여동생에게 스며들었다고 가정하고 있었어요. 어린 도라가 집에서 항상 그 그림을 보았으니 말이죠. 깊은 슬픔에 잠긴 그 아이의 시선 아래 살다 보니 어린 도라도 몇 년 후 우울증에 걸리게 되었고, 그 우울증이 도라를 자살로 이끌었다고 말이죠.

저는 어린 도라가 좋아했을 인형의 슬픈 눈을 찾을 생각으로 상담을 시작했어요. 그림 속의 슬픈 여자아이와 도라의 슬픔의 연관성에 붙잡힌 채로 말이죠. 제 생각은 옮겨가고 있었어요. 로라에게 집중하는 대신, 그녀의 여동생에 몰두하고 있었죠. 그림 속 아이의 음울한 시선에서 오는 슬픔을 도라가 흡수했을 거라고 혼자 생각하면서요.

이런 가설을 확신하며 저는 로라에게 어제 있었던 일을 짤막하게 전했어요. "피카소 그림 속의 크고 슬픈 눈에 대해 말하셨는데, 참 놀라워요. 어제 홀에서 울고 있는 당신과 갑자기 마주쳤을 때, 저는 묘한 인상을 받았거든요. 난 당신이 우는 것을 본 것이 아니라, 두 눈이 우는 걸 봤어요. 당신의 얼굴과 동떨어진, 커다랗고 슬픈 두 눈을요."

"이상해요." 그녀가 말했어요. 그리고 제가 고백한 말엔 아랑곳않고 그 그림에 대한 기억을 계속 떠올렸어요.

"발랑티나는 스페인 사람으로, 저를 어린 시절 내내 돌봐주었는데, 항상 피카소 그림 속의 여자아이를 저와 경쟁시켰어요. 말을 안 들으면 그림 속 여자아이를 더 예뻐할 거라고 겁을 줬죠. 비둘기를 안은 그 여자아이는 우리에게 매우 중요한 존재였어요. 나와 내 동생 그리고 발랑티나 모두에게요."

이 말을 듣고 저는 도라의 불행한 운명을 기어이 알아내려고 그녀에게 물었어요. 그 그림이 집안 어디에 걸려 있었냐고. "그림은 거실에 있지 않았어요." 그녀는 대답했어요. "그림은 여동생 방에 있었어요. 동생 침대 맞은편 벽에 걸려 있었죠." 저는 놀라서 되물었어요. "동생 방에 있었다고요?" 로라는 침묵했어요. 단지 말을 멈춘 게 아니라, 너무나 잘 알겠다는 짙은 침묵이었죠. 그리고 그녀도 저와 똑같은 결론에 도달했다는 듯 저에게 캐물었어요. "어떻게... 그림 속 그 여자애와 여동생의 우울증이 연관되어 있다고 보시는...? 그런 생각은 전혀 못 해봤어요."

일주일 후, 다시 상담에 온 내담자는 어머니가 한 말을 전했어요. 그 말로 6장을 맺고자 합니다. "어제 엄마에게 가서 그 피카소 그림은 어떻게 됐냐고 물었더니, 엄마가 그랬어요." "어느 방엔가 늘 걸려 있지. 정말 이상하구나. 아직도 비둘기를 안은 그 여자아이 얘기냐? 어쩜 걔는 평생 너희들을 따라다닌다니!"

*

내담자와의 대화 그리고 변화무쌍한 동행을 통해 저는, 어떤 이미지가 아동의 몸과 영혼에 해를 끼칠 수도 있음을 보여주고 싶었어요. 이렇게 해서 아동이 미래에 히스테리 환자가 될 수 있다는 것을. 또 정신분석가가 자신의 직감과 놀라운 발견과 추상적인 재구성을 통해 어떻게 내적 작업들을 하는지도 보여주고 싶었죠.

여러분은 이런 여정을 통해 로라의 치료는 어떻게 되었을까, 궁금해지셨을 거예요. 어떻게 치료를 끝냈고, 그 후엔 어떻게 지낼까 ? 로라는 상담을 행복하게 마무리했어요. 그녀는 한 남자를 만나 사랑에 빠졌어요. 애가 하나 딸린 연상의 이혼남으로, 프랑스 남부에서 포도원을 운영해요. 우울증을 극복한 로라는 파리를 떠나 프로방스로 가서, 리샤르랑 살면서 포도원을 가꾸기로 했어요. 그녀가 드디어 제대로 된 사랑을 하는 것을 보고 저도 기뻤지요.

에필로그

정신분석가로 살아가는 저의 이틀간의 이야기를 적고 나서, <비둘기를 안은 아이>라는 작품의 기원이 궁금해졌어요. 그래서 피카소가 이 그림을 그린 상황에 대해 알아봤어요. 그런데 놀라자빠지게도 청소년기의 피카소에게, 전혀 상상치 못한 큰 사건이 있었다는 것을 알게 됐어요!

사실, 피카소는 이 그림을 1901년에 그렸어요. 당시 그는 겨우 20세였지요. 그 뒤로도 비둘기라는 주제는 이 거장의 작품에 계속 등장한다는 것을 알아두세요. 아마도, 역시 화가였던 아버지의 영향이었을 거예요. 그의 아버지도 비둘기를 자주 그렸지요. 그의 아버지는 새들을 너무 좋아해서 정원 안에 새장을 만들어 새들을 키웠어요.

그나저나 저를 깜짝 놀라게 한 사건은 이거예요. 피카소에게 성모마리아라는 어린 여동생이 있었고, 그녀가 7세에 디프테리아로 죽었다는 것을 알게 됐어요. 당시 피카소는 14세였죠. 몇 년 후 청년 피카소가 <비둘기를 든 아이>를 그렸던 거예요.

지금 그림을 들어서 그 여자아이의 눈을 자세히 한번 보세요. 화가가 이 그림을 그릴 때는 죽은 여동생을 기린다는 생각은 없었을 거라고 봐요. 젊은 피카소가 이젤 앞에 서서, 그 아이의 눈에 검은 선을 그려 넣는 모습이 떠올라요. 어린 여동생을 잃은 한없는 슬픔에 잠겨서 말이지요.

앞서 제가 말했던 그 슬픈 눈의 몽타주에, 이제 한 면을 더 추가해야겠군요. 피카소의 애정 어린 눈이 새겨진 면을요. 그가 캔버스에 손을 뻗어 아이 눈가를 검게 칠할 때의 그 눈빛을 말입니다.

생각지도 못했던 반전입니다. 한 그림의 기원에 대한 호기심으로 시작했는데, 죽은 여동생을 애석해하는 한 청년 화가의 아픔을 발견하는 여정이 되었군요.

7

쥘, 로이크, 오마르

무의식을 드러내는 3가지 방법

이제 여러분은 제가 어떤 사람인지 아실 거예요. 저는 환자 가까이에 머물고자 해요. 실제로도 비유적으로도 말이죠. 내담자와 마주 앉을 때는 환자와 더 가까워지려고 소파 끄트머리에 앉아요. 내담자가 누워있을 때는 청취 강도를 높이려고, 제 소파를 카우치 쪽으로 당겨서 환자 머리맡에 앉지요. 차갑고 먼 정신분석가의 캐리커처와는 달리 저는 전적이고 적극적으로 환자에게 온전히 몰입된 존재로 있고자 해요. 이렇게 내담자 가까이 머무는 견지에서 상담실에서 제가 개입할 때 사용하는 세 가지 독특한 방법을 여러분께 보여드리고자 해요. 제가 하는 개입의 영향을 충분히 느끼시려면

제 곁에 바짝 붙으세요. 그리고 제가 쥘, 로이크, 오마르와 상담할 때 어떻게 하는지 잘 지켜보세요.

방금 제가 '개입'이라는 단어를 썼는데, 정확히는 '해석'이라고 해야 맞아요. 여러분이 보게 될 저의 세 가지 개입은 엄밀히 말해 해석이에요. 해석이란 무엇일까요? 해석이란, 감정적으로 관여된 정신분석가가 환자에게 그의 병든 무의식을 드러내 주는 언어적 개입을 말해요. 상담에 오게 만든 그 고통의 이유를 드러내 주는 말이죠. 예를 들어, 어떤 꿈이나 말이나 행동을 해석할 때는 배후에서 움직이는 무의식을 드러내 주죠. 대개 해석은 그 해석을 받는 환자에게서 침묵이나 감탄조의 반응을 불러와요. "맞아요. 딱 그거예요!" 이해받았다고 느끼는 기쁨이 표현되죠. 쥘과 로이크와 오마르의 사례에서 여러분은 이를 생생히 보게 될 거예요.

치료 중에 제가 내담자에게 해석을 주는 세 가지 독특한 방법이 있는데, 그것들을 소개해 보겠어요. 각 방법에는 제가 붙인 명칭이 있는데, 첫 번째는 **우화적인 해석**이에요. 제가 이런 해석을 '우화적'이라고 말한 이유는, 환자에게 그의 불행의 우화를 들려주기 때문이에요. 두 번째 방법은 **모방 해석**이에요. 제가 '모방'이라고 말한 건, 환자를 흉내냄으로써 장애로 고통받는 내담자의 무의식을 드러내 주기 때문이죠. 세 번째 방법은 좀 현학적인 용어로서 **해석적 활유법**이에요. '활유법'은 수사학에서 부재중인 사람이 말하도록 만드는 수사법이지요. 예를 들면, 오마르의 엄마가 상담실에 함께 있는 것처럼 제가 그녀를 대신해서 말하는 거예요.

오랜 임상 경험 속에서 저는 이 세 가지 해석 방법이 환자를 터치하고, 환자가 자신을 새로운 시각에서 보도록 해 준다는 것을 알았어요.

우화적인 해석
쥘의 사례

첫 번째 사례는, 제가 **우화적인 해석**을 건넨 쥘의 사례예요. '검은 수트를 입은 사나이'라고 2장에 소개된 그 내담자, 여러분도 기억하시죠? 쥘은 슬프고 불안한 청년이었어요. 그는 혼자 살았고, 그

많은 졸업장에도 직장이 없었죠. 6세에 갑자기 자동차 사고로 엄마를 잃었어요. 그 비극에다 엄마는 여행을 떠난 거라고 얼버무린 아버지의 거짓말이 더해졌죠. 그 후로 이 아동은 엄마의 부재를 잔혹한 방임으로 경험해요. 비참한 그 사고 이래 쥘은 엄마가 죽었는데도 그것을 결코 받아들이지 못했어요. 쥘에게 엄마는 사라지지 않았죠. 엄마는 쥘 안에 있었어요. 마치 죽기를 원하지 않는 망자처럼.

치료를 시작한 지 2년이 지난 어떤 회기에서, 그는 이렇게 말을 시작했어요. "엄마가 떠난 뒤로..." 그가 채 뒷말을 잇기도 전에, 저에게 말들이 밀려 들어왔어요. 갑자기 어떤 이야기가 떠올라 저는 영감을 따라 쥘에게 그 이야기를 들려줬지요. 제가 들려준 이야기는 이랬어요. '검은 수트를 입은 사나이' 이야기에서 여러분이 이미 읽었던 저의 말을 여기에 다시 그대로 옮겨봅니다.

"방금 '엄마가 떠난 뒤...'라고 말씀하셨는데, 당신 말을 들으니 황급히 문을 열고 집에서 뛰쳐나가는 한 엄마의 모습이 떠올라요. 여섯 살 난 어린 아들은 엄마랑 같이 가고 싶어요. 엄마가 영원히 떠난다는 것을 알기라도 한 듯, 아이는 소리칩니다. "엄마, 나도 ! 나도 같이 갈래 !" 엄마는 돌아보지도 않고 아들에게 말해요. "안 돼, 넌 여기 있어 ! 넌 올 수 없는 곳이야 !" 아들의 간절한 부탁에도 엄마는 냉정하게 떠나고 아들은 그런 엄마를 뒤쫓아 가요. 엄마가 뛰어가니 아이도 뜁니다. 엄마가 달려가니 아들도 따라 달립니다. 멈추지도 않고 엄마를 따라잡으려고 달리죠. 이렇게 엄마와 아들이 달려요. 한 명은 앞에서, 한 명은 뒤에서, 둘이 결코 만나지는 못한 채... 수년 전부터 둘은 계속 이렇게 달리고 있죠. 아들은 엄마를 절대 포기하지 않고 기어이 따라갑니다. 엄마의 모습이 멀어지고 안개 속에 희미해지며 지평선 너머로 완전히 사라지는 것을 본 그날까지... 지치고 숨가쁜 아이는 그제야 달리기를 멈춥니다. 비로소 엄마를 포기해요. 지쳐 나자빠진 아들은 길가에 앉아 숨을 고릅니다. 그러다가 문득 자기 손과 발을 쳐다보고 자신이 더 이상 아이가 아니란 걸, 부쩍 자라 어른이 되었다는 걸, 엄마가 영원히 떠났음을 받아들이는 한 남자가 되었다는 걸 발견하고는 놀라요."

제가 말하는 동안 쥘은 무거운 침묵을 지켰어요. 제가 들려주는 이야기에 완전히 사로잡힌 채. 이야기를 마칠 즈음 그의 억눌린 흐느낌 소리가 들렸어요. 잠시 기다리다 저는 그에게 더 직접적으로 말했지요. “길가에 멈춰 섰을 때, 당신은 보고 알아요. 이제는 아이가 아니라 남자라는 것을. 지금 우리가 함께 목도하는 것도 바로 이러한 변신이죠.”

이것이 바로, 애도하지 못한 쥘이 갑자기 저를 놀라게 하며 해낸 애도에 대한 우화예요. 제가 이야기를 들려주는 동안 쥘을 뒤흔든 그 흐느낌은, 이야기 속 어린 꼬마처럼 그도 어머니의 유령이 영영히 떠나는 것을 보았음을 말해주었죠. 우화적인 해석 덕분에, 또 이러한 해석이 무르익기까지 함께한 2년의 분석 덕분에, 쥘은 20년간 하지 못한 도약을 한 회기에 해낼 수 있었어요. 쥘의 분석 상담은 이 결정적인 회기가 있고 나서 몇 달 후 종료되었어요. 치료 종반기에 쥘은 더 이상 엄마는 살아있는 망자가 아님을 깨달았어요. 이후론 엄마를 추억 속에서 사랑할 줄 알게 되었지요.

모방 해석
로이크의 사례

이제 해석의 두 번째 유형인 모방 해석에 대해 알아보죠. 이런 해석을 줄 때 저는 말을 할 뿐만 아니라 소파에서 일어나, 환자가 질환에 잡혀 있을 때 지닌 태도를 흉내내기도 해요. 로이크가 생각납니다. 이 청년은 강박증 환자로, 무엇보다 강박적 행동이 있었어요. 그는 저녁이면 창문을 확실히 닫으려다가 창문 손잡이를 깨뜨리는 버릇이 있었어요. 창을 밀폐시켜 집안에 어떤 침입도 불가능하게 하려고 했죠. 로이크와의 그 상담 회기가 아직도 생생해요. 그는 맞은편 소파에 앉아, 저녁마다 하는 의례 행위를 저에게 자세히 말하죠. "거실 창가로 가서 창문을 너무 세게 닫아 손잡이를 자주 깨뜨려요. 창이 잘 닫힌 게 확인돼야 느긋이 침실로 가서 자위할 수 있어요..." 그가 얘기하자 제가 물어요.

"그런데 저녁마다 이 의례를 하신다는 거예요 ?" 그가 대답해요.

"그럼요. 자동이죠. 창을 꽉 닫고는 누워서 푹 자려고 자위를 하죠."

여기서 보여주려고 하는 것은 젊은 환자의 강박적 행동이 아니라, 정신분석가로서 제가 개입하는 방식이에요. 로이크와 계속 대화를 이어가면서도 저는 그가 손잡이를 깨뜨리는 방법이 궁금해 그에게 물어요. "근데 어떻게 손잡이가 깨질 정도로 세게 돌리신다는 거죠?"

"잘 모르겠어요." 그가 답해요. 바로 그때 저는, 제대로 알려면 창문을 닫는 그 몸짓을 흉내내 봐야겠다는 생각이 들었어요. 저는 바로 자리에서 일어나 벽에 걸린 그림들의 하나로 가서 그 그림이 마치 창문인 것처럼 하며 로이크 앞에 섰어요.

그 광경을 상상해 보세요. 저는 그림을 보고 서 있고, 로이크는 계속 자기 소파에 앉아 저를 바라보는 상황이죠. 저는 그 그림이 창문인 것처럼 그쪽으로 팔을 뻗어 상상의 그 손잡이를 돌리는 시늉을 해 보이며, 로이크에게 물어요. "그러니까 이렇게 돌려서 손잡이가 부서질 정도로 꽉 닫는다는 거죠?" 제 시연을 유심히 지켜보던 그가 대답해요. "아뇨. 그렇게 하는 게 아니라니까요!" 놀란 제가 대꾸합니다. "네? 이게 아니라면 어떻게 하신다는 건가요?" 그는 제가 하는 손놀림은 같지만, 자기는 결코 창문을 마주 보지 않는다고 말합니다. 자기는 창문 옆쪽에 서서 창을 닫는다는 거였어요. 저는 이해가 안 되니, 어떻게 하는 건지 보여 달라고 했어요. 그가 일어나서 저에게로 와 그림 앞에 서자, 제가 물어요. "왜 창문 옆에 서서 닫는다는 겁니까? 손잡이를 그렇게 고정하는 건 굉장히 불편한데!" 그는 곧장 대답해요. "저는 누구에게도 절대 등을 보이지 않아요!"

"왜요?

"누가 뒤에서 칼로 찌를까 봐서요." 황당해진 제가 그의 말을 되풀이합니다. "뒤에서 누가 칼로 찌른다? 어떻게 뒤에서 찔리신다는 거예요? 창도 닫아서 아무도 들어올 수 없고, 집안에는 이층에서 주무시는 어머니밖에 없는데? 누가 무섭다는 겁니까?" 그는 침묵하고, 저는 말은 않지만 알아차려요. 로이크가 예속돼 있는 그 어머니가, 환상 속에서는 그에게 끔찍한 살인마라는 것을. 저는 그 순간 떠오른 이 말만을 조심스럽게 건네요. "당신을 공격할 사람은 당신 어머니 말고는 없어 뵈네요."

"맞아요!" 그가 말합니다. "간혹 밤에 불을 끄고 나면 어둠 속에서 어떤 존재가 느껴져요. 어머니의 존재죠. 너무 무서워요."

이것이 **모방 해석**의 예입니다. 제가 일어나서 창문 손잡이를 깨는 로이크의 몸짓을 흉내내지 않았다면, 그의 환상 속에서는 어머니가 칼을 든 괴물이라는 것을 결코 알지 못했을 거예요. 제가 강박 장애를 연기하면서, 의도치 않게 장애의 저변에 있는 무의식적 환상이 수면으로 떠오르게 한 거였죠. 이론의 여지없이 저의 모방 해석은 효과적인 정신분석적 해석이었어요. 로이크와 저에게 그 끔찍한 무의식을 드러내 주었지요. 1년 뒤, 로이크는 증상이 사라지면서 치료를 마무리했어요.

해석적 활유법
오마르 사례

이제 해석적 활유법으로 가볼까요. 우선, 활유법이란 무엇이죠? 앞서 말했듯이, 활유법은 부재한 어떤 사람을 대신해서 말하는 거예요. 그의 어투까지 본 따서요. 예를 들어, 한 여자 환자의 권위적인 아버지를 제가 대신해서 말하는 거예요. 마치 아버지도 상담실에 같이 계신 것처럼. 치료하는 과정에서, 무의식이 떠오르도록 하기 위해 이 방법을 자주 쓰지요.

이런 해석의 유형을 보여드리려면, 벌써 수년째 저와 분석 치료를 하고 있는 오마르에 대해 얘기해야겠군요. 오마르는 21세의 젊은 청년으로, 공포와 불안 속에서 마리화나를 피우며 온종일 컴퓨터 앞에 앉아 있어요. 어느 날 그는 시작부터 말을 많이 하더니 저에게 고맙다며 이렇게 말했어요. "지난 월요일에 선생님이 우리 둘 곁에 저희 엄마가 앉아 있는 것처럼 상상하시고 저의 엄마랑 대화를 하셨잖아요. 저에겐 충격이었는데, 상담실을 나갈 때는 속이 후련했어요. 선생님이 하신 말이 정확히 생각나요. 엄마가 앉았다고 상상한 그 의자에 대고 선생님은 이렇게 물으셨죠. "부인, 오마르가 아기였을 때는 어땠나요?" 그리고 엄마를 대신해 이렇게 답하셨어요. "선생님, 저는 항상 불안해하는 엄마였어요. 아들에게 저의 불안이 옮아갔을까 봐 두려워요." 또 엄마 흉내를 내며 이렇게도 말씀하셨죠. "아기였을 때 오마르는 자주 제 품안에서 웅크렸어요. 그럴수록 제 불안이 아이에게 더 스며들 것만 같았죠. 가끔 오마르가 겁에 질린 커다란 눈으로 저를 쳐다볼 때면, 저는 걱정이 됐어요. 언젠가 이 아이도 나처럼 불안한 사람이 되지나 않을까 해서요!"

이것이 오마르와 나눈 대화적 활유법이고, 오마르는 이것을 너무나 명확하게 재현해 냈지요. 사실 어머니와 나눈 그 상상적 대화는, 오마르가 삶을 직면하기가 어렵다고 말하는 것을 듣고 떠오른 생각이었어요. 그의 말을 들으면서 오마르가 아기였을 때 불안한 엄마의 품을 파고드는 장면이 떠올랐어요. 아기를 과보호하고 소유욕이 너무 센 엄마의 품속을요. 바로 그 순간, 제가 어머니 역할을 하면서 그에게 해석적 활유법을 건넨 거였지요.

오마르에게 이런 해석을 주면서, 오늘날 불안 때문에 그가 연애도 일도 못하게 된 건 불안했던 엄마에게서 온 것임을 이해하기를 바랐어요. 자신의 불안이 어머니의 불안의 연장선임을 이해한다면, 오마르가 덜 불안해지고 행동하는 데도 어려움이 덜할 거라고 봤지요. 불안이 어디서 온 것인지만 알아도 훨씬 덜 불안해지니까요. 저는 불안에 떠는 아동이나 소녀나 남자 청년을 만날 때면, 항상 곧바로 그의 부모 중 한 사람이 옮겨주었을지도 모를 불안을 생각해 봐요.

*

7장을 맺기 전에, 저는 여러분이 떠올렸을 만한 질문에 답하고 싶어요. 앞서 보았듯이 여러분은, 분석가가 개입하여 환자의 무의식이 떠오르게 하는 데는 어떤 조건이 필요한지 궁금하실 거예요. 전문가가 효과적으로 행하기 위해서는 두 가지 본질적인 조건이 있지요. 우선, 환자의 삶에 대해 잘 알고 있어야 해요. 그리고 그와 공감하는 관계여야 해요. '공감하는 관계'라고 말한 것은, 분석가가 환자에게 효과적인 말을 하기 위해서는, 환자의 입장에서 그가 절실히 느끼는 것을 분석가도 느끼고 환자의 반응을 예측할 수 있어야 하기 때문이에요. 이런 게 공감이죠. 공감에 대해서는 나중에 또 다루기로 해요. 따라서 효과적인 치료자가 되려면 두 가지 조건이 필요한데, 정보와 공감 능력이에요.

정보와 관련해서 분석가는, 환자의 역사에서 일어난 행불행의 사건들을 잘 알고 있어야 해요. 불행한 사건 중에서도, 아동기와 청소년기에 어떤 정신적 타격을 입었고 어떤 정서적 상처가 있었는지 알아봐야 해요. 특히 저는 가장 흔한 네 가지 아동기 트라우마를 말하고 싶어요. 이것들이 상담실에서 만나는 수많은 성인 환자들의 신경증의 원인이죠. 네 가지 트라우마는 방임, 학대, 성폭력, 엄마의 지나친 스킨십이에요. 아기를 흥분시키는 엄마의 과도한 어루만짐도 아이에게는 트라우마가 될 수 있어요. 여러분이 이렇게 질문하는 소리가 들리네요. “어떻게 엄마의 애정 어린 손길이, 그 다정함이 아이에게 해를 끼친다는 거예요?” 저의 대답은 이래요. 아직 미숙한 존재인 아이는 뇌생물적으로나 정서적으로 강한 자극을 처리할 능력이 없어요. 너무 불안해하는 엄마가 끊임없이 아기를 관능적으로 애무할 때 생기는 그 자극은 아이에게 트라우마가 돼요.

잠시 이야기가 곁길로 샜네요. 다시 효과적인 치료자가 되기 위한 두 번째 조건인 ‘공감’으로 돌아가 보죠. 환자와 공감한다는 건 무엇일까요? 공감에 관해서는 이미 아기 클라라 사례에서 말한 적이 있죠. 넓은 의미에서 공감은, 모두가 가지고 있는 능력으로 타인의 입장에 서서 타인이 느끼는 것을 나도 느끼는 능력을 말해요. 그런데 정신분석가는 이러한 공감 능력을 환자가 느끼는 병적인 감정을 자신도 느끼는 데 사용해요. 또 환자에게 꼭 건네야 할 말을 찾아내고, 환자에게 고통을 덜어줄 말을 건네는 정확한 시점을 찾는 데도 이 능력을 사용하죠. 임상에 있어서 저는 오래 전부터 제가 환자들을 삼중으로 공감한다는 것을 알았어요. '삼중의 공감'이라고 말한 건, 환자가 느끼는 감정을 제가 세 면에서 공감한다는 뜻이에요. 먼저는 환자가 의식하고 있는 감정과 공감하고, 그가 의식하지 않는 감정과도 공감하며, 환자에게 가장 중요한 사람이 환자에게 느끼는 감정과도 공감하기 때문이지요.

오마르를 예로 들어 한번 설명해 볼게요. 우선 저는 마리화나를 피우며 컴퓨터를 하는 그 청년 중독자가 경험하는 무기력증을 저도 경험함으로써 그를 공감해요. 엄마의 다정함에 눌린 아기 오마르가 느꼈을 법한 그 압박감을 저도 느껴요. 또 아들에게 자신의 불안을 옮겼다고 느끼는 엄마의 불편함도 느끼죠. 환자에게 제가 세 겹으로 느끼는 공감에 대해 말한다면 이렇게 요약할 수 있어요. 1."당신과 마주 앉을 때 당신이 경험하는 것을 저도 경험해요." 2."집중하고 나의 내면 깊숙이 내려갈 때는 당신이 경험하는 것을 저도 경험하고, 당신이 경험하지만 그렇다는 것을 당신이 모르고 있는 그것도 저는 경험해요." 3."당신에게 가장 가까운 그분의 감정을 제가 포착했을 때, 그분이 당신에 대해 느끼는 그 감정도 저는 경험해요."

분석가가 **우화적인 해석, 모방 해석, 해석적 활유법**을 사용할 수 있으려면, 환자에 대한 정보와 공감 능력이 필수라는 것을 이제 아시겠죠?

7장을 맺기 전에, 정신분석가라는 저의 직업에 대해 한마디 하고 싶어요. 저는 새로운 환자와 상담을 시작할 때마다, 보시다시피 해석의 말을 건넬 때마다, 여러분이 방금 읽은 책의 구절들을 쓸 때마다, 저도 모르게 존재에 대한 불굴의 의지를 다지게 돼요. 끊임없이 존재하고, 최대로 존재하고, 창조하는 능력을 최대한 끌어올리려고 하죠. 전진하려는 투지, 몸담은 곳에서 더 나아지려는 욕망, 매일 새로워지려는 의지, 이것이 가장 귀한 이상이에요. 여러분에게 고백하지만, 저를 이끄는 이 이상은 그래서 성공하기보다는 지속하기, 끝내야 할 것은 끝마치는 힘을 갖는 거예요. 분명히 노력은 결과보다 소중해요. 노력하는 가운데서 앞으로 나아가고, 매일의 장애물을 뛰어넘고, 충만하게 존재하는 기쁨을 누리니까요.

8

펠릭스 발로통

쓰라림과 불안의 화가

예술가와 정신분석가

정신분석이 예술은 아니지만, 예술과 깊은 공통점이 있어요. 예술가란 무엇일까? 답을 하려니 펠릭스 발로통이 떠오릅니다. 예술가는 다른 사람보다 더 잘 보는 사람이죠. 현실을 발가벗긴 채로 베일 없이 바라보기 때문에. 예술가는 사물을 날것 그대로 지각해요. 화가의 눈으로 본다는 건 일반인이 보는 것과는 다르게 본다는 뜻이죠. 예를 들어, 손잡이가 달린 원통형 맥주 컵은 화가에게 그냥 컵이 아니에요. 그는 이 원통을 지나치게 큰 귀를 가진 남자의 머리로 상상해요. 보통 우리가 어떤 물체를 볼 때, 우리는 그것을 보지 못해요. 우리는 있는 그대로의 물체(원통)가 아니라, 그 물체에 대한 관념이 덧씌워진 채로, 그 물체를 가리키는 명칭(맥주 컵)이 덧씌워진 채로 그 맥주 컵을 보지요. 우리가 보고 모든 사람이 보는 것은, 그 물체를 인지하고 그것을 일상에서 사용하도록 하는 관습적 기호들이죠. 이러한 관습적 시선은 외부 대상들에 국한되지 않아요. 이런 틀에 박힌 시선은 우리의 감성에도 적용되죠. 우리가 사랑이나 미움을 경험할 때, 우리가 행복하다, 슬프다, 피곤하다 말할 때, 이것은 정확할까요? 아뇨. 우리는 그저 관습적인 감성을 표현하는, 틀에 박힌 문장들을 사용할 뿐이에요.

우리는 우리의 감성을 무대에 올려요. 어떤 감정을 느낄 때 우리는 모두 우리 자신의 배우이자 관객이지요. 우리 내면의 무대는 관습적인 무대예요. 하지만, 이 모든 관습들을 불사르고, 사물들과 감정들에 붙은 꼬리표를 떼버리고, 대상들의 관습적인 사용법을 잊고 맘껏 자신의 창조적 몽상을 따라가는 자, 그는 예술가입니다. 그는 분석가이기도 해요. 차이는 있어요. 분석가는 한 사람에게만 말을 걸지만, 예술가는 새로운 감흥을 느끼도록 하기 위해 우리 모두에게 말을 걸지요!

*

이제 저랑 함께 갑시다! 예술의 왕국에 함께 들어가 봅시다. 우리가 통과하는 큰문에는 금빛 글씨로 쓴 행복한 약속이 새겨져 있어요. "이 문턱을 넘는 당신은 아름다움을 경험할 거요. 어떤 음악, 어떤 그림, 어떤 조각, 어떤 시가 당신을 사로잡을 때 아름다움은 몸의 감각이자 온몸의 전율임을 당신은 알게 될 거요."

그래요! 이제 우리는 예술가들의 나라 안에 있어요. 프루스트가 말했듯, '세상의 소금이며… 웅장하면서도 가련한 신경증자들의 무리에 속한' 예술가들의 나라에 와 있죠. 맞아요. 예술가들은 대개 신경증 환자들이며, 감수성이 극히 예민한 사람들이고, 불안한 자들이고 가끔은 쓰라린 존재들이죠. 제가 여러분에게 소개할 사람도 이런 신경증자 중의 하나인데, 바로 펠릭스 발로통이에요. 20세기 초반 스위스 출신의 프랑스 화가죠. 많은 작품을 남긴 화가로, 대중에겐 별로 알려지지 않았지만 저명한 미술관들 사이에서는 유명해요. 파리의 오르세 미술관에는 그의 작품이 여럿 있죠.

이제 여러분은 제 곁에서, 1세기 전의 이 위대한 화가와 제가 나눈 내밀한 대화를 보실 거예요. 책을 읽으시면서 제가 코멘트하는 발로통의 다양한 그림들을 인터넷에서 찾아보세요.

먼저, 제가 어떻게 펠릭스 발로통을 알게 되었는지 말해야겠군요. 2013년 그랑 팔레에서 앙리 보베라는 이름으로 보낸 제안서를 받았어요. <펠릭스 발로통, 얼음 아래의 열정>이라는 전시회의 도록을 써달라는 거였지요. 저는 까다로운 이 도전 앞에서, 큰 부담을 느끼며 그 제안을 받아들였어요. 어떤 도전이냐고요? 상담실에서 내담자의 무의식에 다가가는 방식과 똑같은 방식으로 작고한 화가의 무의식에 다가가는 도전이었죠. 그래서 고통으로 저를 찾는 내담자들의 무의식을 꿰뚫는 방식으로 발로통도 파헤쳐 보기로 했어요. 화가인 이 환자의 말을 청취하고, 그가 보여주는 것을 관찰하며, 그가 느끼는 것을 저도 느껴보려고 했죠. 아동기엔 그를 흔들어 놨지만 지금은 잊고 사는 그 감정, 오늘날 그의 고통의 핵이 된 감정도 느껴보려고 했지요. 하지만 같은 방법으로 접근한다 해도 발로통을 치료하려는 의도는 아니지요. 이리도 기발하고 당혹스러운 작품을 창작하게 한 그의 무의식적인 힘을 알아보려는 것이었죠. 환자일 경우는 그의 고통을 이해하고 치료하기 위해서 그의 무의식을 포착하지만, 발로통의 무의식을 포착하는 건 그의 고통을 이해하기 위해서이기도 하지만, 그 고통이 창작의 풍성한 원천이라는 생각에서지요.

<발로통의 무의식>이라는 전시 도록을 썼던 그 수개월 간이, 저에겐 얼마나 벅찬 정신 과정이었을지는 이제 여러분도 아실 거예요. 당시 저는 이 화가의 삶과 작품에 몰입해 있었어요. 큰 방안에 틀어박혀, 미술사 논문들과 펠릭스 발로통에 대한 짧은 전기, 세 권의 개인 일기, 그의 작품의 모사품들로 덮인 탁자에 붙어 앉아서요. 방의 네 벽은 온통 이 거장의 작품들로 도배되어 있었지요. 저는 그 방에서 몇 시간씩을 보내곤 했어요. 저에게 다가와 영감을 주는 온갖 색채와 형태들에 푹 빠져서 말이죠.

구체적으로 어떻게 했을까요? 저는 모든 그림을 세밀하게 조사하고, 발로통이 이젤 앞에서 홀로 그림을 그릴 때 느끼던 것을 상

상해 봤어요. 그의 <일기장>을 읽을 때는 마치 그의 곁에 있는 것만 같았죠. 이렇게 해서 저는, 발로통이 그림으로 형상화한 중요한 무의식적 감정 두 가지를 간파해 낼 수 있었어요. 이 감정들은 어떤 것일까요? 첫째는 불편함이에요. 펠릭스를 사춘기부터 괴롭혀 온, 이 잠재적 불편함은 그가 사랑하는 사람들에게 해를 입혔다는 죄책감에서 온 거였어요. 제가 회한이라고 부르는, 무겁게 짓누르는 이 불편함과 그를 도발했던 불행한 사건들에 대해서는 나중에 말씀드리죠. 발로통의 영혼을 짓누르는 또 하나의 중요한 감정은 불안이에요. 유혹하는 위험한 여성에게 멸시되는 두려움이죠. 그에게 소중한 자존감과 남자로서의 자부심을 잃어버릴 것만 같은 불안이죠.

회한과 불안은 그의 작품의 다수를 지배하는 두 가지 감정이에요. 하지만 주의하세요! 쓰라림과 불안을 화가가 의식적으로 경험한 것은 아니니. 더 명확히 설명하자면, 펠릭스 발로통이 캔버스 앞에 섰을 때, 그가 꼭 회한과 불안을 느낀 것은 아니라는 거죠. 하지만 그만의 스타일로 그림을 그리도록 추동한 건, 그의 깊은 무의식에서 들끓고 있던 회한과 불안이었어요. 쓰라림과 불안이라는 이 두 감정이 그의 자화상과 누드화와 실내 풍경화와 신화적인 그림들을 신맛 나는 색깔로 표현하게 만들었죠.

*

여러분이 발로통을 더 잘 이해하시도록, 그의 <20세의 자화상>부터 소개해 볼까 해요. 인터넷에 '발로통'을 쳐서 이 그림을 찾아보세요. 찾으셨나요? 발로통은 자기 얼굴을 꼼꼼히 그려내려다 당시 그를 지배하던 감정을 내비쳤어요. 우리 모두는 얼굴을 들고 다니다가, 나를 바라보는 그 사람에게 나도 모르게 내 내면을 열어젖히죠. 얼굴은 우리의 존재에 속하지만, 우리는 우리가 누구인지 진실로는 알지 못해요. 발로통도 우리에게 자화상을 제공하면서, 무심코 자기 존재의 본질을 우리에게 보여주죠. 이제 화가의 내면을 조심스럽게 한번 들여다볼까요? 조심스럽다고 말한 건, 발로통에 대한 이야기를 쓰는 내내 제가 매우 신중히 그에게 다가갔기 때문이에요. 발로통은 그의 자화상들을 통해 서슴없이 자신을 노출했지만, 그의 이런 거침없는 태도가 우리에게 신중함과 조심성을 면제해주는 건 아니죠. 이 화가에 대한 저의 겸손은 매일 맞이하는 모든 환자들에 대한 존경의 연장선이기도 해요.

이제 <20세의 자화상>에 집중해 볼까요? 이 청년의 표정을 유심히 한번 봅시다. 제가 분석가로서 일하는 것과 똑같은 방식으로 한번 접근해 보죠. 환자를 맞이할 때 저는 늘 그의 몸가짐을 유심히 봐요. 특히 그의 표정을. 이 그림 속 인물은 우리를 비스듬히 쳐다보는데, 자신의 생각에 빠져 우리를 보진 않아요. 근데, 그는 무엇을 생각하고 있을까요? 무엇이 이 청년을 사로잡고 있을까요? 소심하고 경계심 많은 이 소년이, 꽉 다문 입술 뒤로 뭔가 고통스러운 비밀을 감추고 있다는 인상은 안 드시나요? 곧 아시겠지만, 그는 지난 일을 곱씹고 있어요. 속죄 받을 길 없는 잘못에 대한 뼈저린 회한을 곱씹고 있죠. 이 사람은 은둔하는 청년만이 아니에요. 젊은 나이인데도, 양심의 가책으로 괴롭고 힘든 존재지요. 하지만 이 청년은 또한 고집스럽고 완고해요. 고개를 빳빳이 들고 있는 자세와 넓은 앞이마가 이를 말해주죠. 저에겐 <20세의 자화상>이 발로통의 작품 중에서 가장 인상적이었어요. 회한의 정서를 내뿜기 때문이에요. 여러분도 기억하시죠? 회한이 이 화가의 대부분의 작품을 관통하는 두 가지 무의식적인 감정의 하나라는 것을.

그런데, 회한이란 무엇이죠? 발로통에게 이 회한은 어디서 온 것일까요? 회한이란 불행을 겪고 모든 희망을 잃어버린 사람의, 인격을 파고드는 쓰라림의 상태를 말해요. 쓰라린 존재는 삶에 더 이상 어떤 기대도 없어요. 타인이나 자신에게조차 전혀 기대가 없는 체념한 존재로, 자신이 경험하는 모든 것의 뒤끝에서 항상 불만을 느끼죠.

발로통의 이 쓰라림은 어떤 불행에 기인할까요? 그의 <일기장>을 보면, 12세에 그는 무심코 자신이 매우 사랑하는 사람들의 목숨을 앗아간 세 가지 중대 사건을 일으킨 것에 대해 몹시 괴로워했음을 알 수 있어요. 첫 번째는, 제일 친한 친구를 밀어서 강에 빠지게 한 거였어요. 친구는 그에게 돌아와 떠밀었다고 비난을 퍼부었죠. 두 번째는, 이웃에 사는 그가 존경하는 조각가의 불행한 죽음이었어요. 그 죽음은 어린 펠릭스의 못된 장난 때문이었어요. 당시 펠릭스는 그 조각가에게 우편물을 가져다 주는 습관이 있었어요. 그 날은 장난기어린 펠릭스가 사슴발로 조각가의 작업실에 들어갔지요. 등을 돌리고 열심히 조각칼로 작업하고 있던 그는 펠릭스가 들어온 줄도 몰랐어요. 펠릭스는 웃기려고 조각가 뒤에서 갑자기 "여

보시오!" 하고 소리쳤어요. 소스라치게 놀란 장인은 자기 손을 베었어요. 그 상처는 감염되어 치명적인 것이 되었죠. 세 번째 사고는, 펠릭스가 한 친구에게 물감인 줄 알고 휘발성의 독극물을 주어 죽게 만든 거였어요.

이런 비극적인 사건들 때문에 청년 발로통에게는 잠재된 죄책감이 자리를 잡았고, 어둡고 고독한 성품이 형성되었죠. 여기서 분명히 해야 할 것은, 발로통은 자신에게 잘못이 있다고 느끼지 않았어요. 그는 자신에게 "과거의 비극들은 다 내 탓이야."라고 말하지 않았죠. 그래요. 그는 죄책감을 느끼지 않았어요. 하지만 그는 평생 동안 마치 자신에게 잘못이 있는 듯이, 자신은 벌 받아야 하고 더 이상 행복할 권리가 없는 듯이 행동했어요. 잠재적인 죄책감을 토대로 어떻게 쓰라린 자아 정체성이 형성되는지 아시겠지요?

죄책과 쓰라린 회한이 인간 발로통에 스며든 건 사실이지만, 이러한 회한이 발로통만의 화풍을 만들어 낸 것도 사실이에요. 가혹함으로 우리에게 노크하는 그의 화풍은 항상 조화로운 건 아니지만, 우리를 매혹하고 우리 자신을 돌아보게 해요. 그런데 어떻게 화풍에 회한이 묻어난다고 해석할 수 있죠? 대답을 위해, 저는 여러분에게 이런 과정을 말하고 싶어요: 무엇보다 죄책감은 회한을 유발하고 회한은 환멸을 가져온다. 환멸은 결국 부조화와 모든 유쾌한 인물에 대한 거절을 불러오죠. 쓰라린 인간은 환멸에 빠진 인간이고, 환멸에 빠진 인간은 색채와 형태들의 부조화를 원하고 나아가 육체의 추함을 원해요. 의심할 바 없이 발로통의 화풍은 깊은 쓰라림의 적나라한 표현이죠.

발로통은 예외적인 화가라 하겠어요. 이 회한을, 그가 그려야 할 것을 귓가에 속삭이는 사악한 뮤즈로 변형했기 때문이죠. 독자 여러분은 제가 코멘트하는 발로통의 여러 작품들을 인터넷에서 찾아보세요. <터키탕Le bain turc>에 등장하는 여인들의 벗은 몸에 막 색깔을 입히려고 하는 발로통을 상상하면, 화가 안에 있는 회한이 그에게 이렇게 말하는 소리가 들려요. "그래. 두려워하지 말고 어서 팔레트에서 그 치명적인 파란색을 묻혀 여자들의 알몸을 금속성의 빛깔로 칠해!" <빨간 안락의자에 앉은 누드여성Femme nue assise dans un fauteuil rouge>에 등장하는 여인의 실루엣을 막 그리려는 순간에 있는 발로통을 상상하면, 그 안에 있는 신랄한 회한의 목소리가 그에게 이렇게 속삭이는 게 들려요. "그래. 망설이지 말고 어서, 그 지치고 창백한 젖가슴의 늘어진 살을 보여주라고!" <붉은 방La chambre rouge>에 나오는 그 외도 장면을 떠올리면, 실내 인테리어를 그려 넣는 순간에는 화가 안의 회한이 이렇게 명령하는 소리가 들리죠. "그래. 주저 말고 어서, 러브호텔의 그 침침하고 발그레한 방에서 풍기는 그 답답하고 숨 막히는 냄새를 그려! 어서 그들의 용렬함과 치사한 내연관계를 그리라고!" 그리고 화가의 쓰라린 회한은 이렇게 결론을 내리죠. "서슴지 말고, 너의 권태를 그려 넣어. 네 자신을 그리란 말이야. 네 그림들은 너를 닮았잖아!"

이렇게 포악한 회한의 목소리는 발로통의 귓가를 때리고, 그의 그림들은 또 우리에게 말을 걸며 우리 자신의 회한을 일깨우죠. 발로통의 작품은 회한에서 오고, 그 작품들은 우리 자신의 회한을 건드리죠.

*

이제, 회한만큼이나 화가 안에서 강력하게 작용하는 두 번째 무의식의 감정을 다뤄보죠. 그것은 화가가 나름대로 상상해낸, 유혹하고 배신하는 여성에게서 멸시받는 불안이에요. 하지만 주의하세요! 발로통은 "난 두려워 !"라고 생각하진 않지만, 마치 두려워하는 사람처럼 행동하고 그림을 그린다는 것을. 무엇이 두려울까요 ? 그는 확신하고 있어요. 아주 신경증적으로 확신하고 있죠. 엄마 말고 여자는 위험한 존재라는 것을. 위협적인 여자들로 점철된, 한 남자의 이 불안한 시나리오는 <펜테우스Penthee>와 같은 많은 작품을 통해 나타나요. 펜테우스는, 원한을 품고 진노하는 여자들 무리에 기겁해 알몸으로 달아나는, 신화적인 인물의 이름이죠. 여자에게 당한 남자라는 같은 주제의 작품으로는, <메나드에 의해 절단된 오르페우스Orphee depece>가 있어요. 여기서는 광기에 찬 여자들이 때 지어 한 남자를 무자비하게 절단하는 걸 볼 수 있어요. 이 모든 표상들엔 지배적인 여자에게 거세당할까 봐 두려운 한 남성의 불안한 환상이 투영돼 있죠.

여자에게 학대당하는 이 불안한 환상은 발로통이 여성 누드를 그릴 때의 방식에도 투영돼 있어요. 여성 누드를 그릴 때마다 그는 자신이 바라는 모습대로 여자를 그려요. 그는 무엇을 보는 걸까요? 어머니를 보죠. 진정시키는 어머니를! 이 거장이 여성의 몸을 그릴 때는 자기도 모르게 육체를 일반화시켜요. 그는 여자의 신체 결함을 그리는 데 힘쓰고, 추한 모습을 강조하고, 매력을 빼버리고, 환상을 제거하죠. 한마디로 여자의 몸에서 성적인 매력을 없애버려요. 모성적 신체로 빚어 공격적이지 않은 몸으로 만들어버리죠. 욕망하는 위험한 여성의 몸은, 젖을 주고 보호하는 어머니의 몸으로 변형시켜요. 어떻게 그렇게 할까요? 먼저 그 알몸에서 피부의 매끈함을 지워버려요. 얼굴에서는 눈의 초롱초롱함을 빼버리죠. 그의 그림에 등장하는 대부분의 여성은 보지 않아요. 자신도 우리도 바라보지 않죠. 여성의 피부와 시선에서 광채를 제거함으로써 화가는 여성에게서 생명력과 우리를 유혹하려는 욕망을 지워버려요.

확실히 '모성적' 알몸을 가장 잘 연상시키는 그림은 <목욕탕에서 머리를 스타일링하는 여자Femme au bain se coiffant>예요. 이 그림은 화가가 기억하지 못하는 자신의 어린 시절의 한 장면을 부지불식간에 화폭에 투영해 낸 것으로 보여요. 그는 이 누드화를 창안했다고 생각하겠지만, 실은 어린 시절의 기억을 소환해 낸 거죠. 이렇게 기어이 자신의 엄마와 재회해요. 저는 5~6세의 어린 펠릭스가 알몸의 엄마를 갑자기 보게 된 모습을 상상해 봐요. 어머니는 아마도 부엌에서 목욕하는 습관이 있었지 않았을까 해요. 몸을 말린 후 여자는 머리 뒤로 손을 올려 자신의 긴 머리카락을 손질해 묶는, 너무나도 여성스러운 몸짓을 하죠. 분명히 엄마는 알몸이고 아이는 눈을 들어 엄마를 쳐다보지만, 여기에는 어떤 긴장도 없어요. 그 장면은 고요하고 어떤 말도 없고 무사태평하죠. 너무 자연스럽게, 어머니는 아들이 거기 있는 것도 잊은 채 자기 몸단장에 몰두해요. 어린 아들은 잠깐 놀랐으나 안정을 되찾고, 푹 빠져서 엄마를 사랑의 눈으로 바라봐요.

이제, 여러분이 이 그림을 해석해 보시겠어요? 이 그림을 두 가지 다른 방식으로 관찰해 보세요. 우선, 성인의 눈으로 한번 보세요. 부주의하고 피상적인 성인의 눈으로요. 여러분이 남자라면, 투박한 몸매에 희미한 표정의 이 여인에게는 별로 호감이 가지 않을 거예요. 이 여인은 작달막한 몸매에, 자신에게 몰두해 있고, 두껍고 짧은 목과 수유를 했던 젖가슴, 불룩 나온 배와 넓적한 허벅지, 그리고 굳은살이 박인 발을 가졌어요. 한마디로 남자인 여러분을 매혹하진 못하는 여성이죠. 만일 여러분이 여자라면, 이 여인은 당신의 여성상과는 너무나 동떨어진 모습일 거예요.

이젠, 시선을 바꾸어 순진한 어린아이의 눈으로 그 알몸을 한번 보세요. 엄마가 목욕하는 모습에 반한 어린 펠릭스의 눈으로요. 무슨 일이 생기나요? 아이가 된 여러분은 어떤 미적인 판단도 없이 그 여인을 바라봐요. 여인은 아름답지도 추하지도 않죠. 여러분은 우리 어른들이 생각하는 미의 기준과 상관없이 그 여인을 쳐다봐요. 아이의 눈으로 여인을 보면 사랑에 눈이 멀어 몸매의 결함은 보이지도 않죠. 이 상상의 아이는 우리에게 이렇게 말할 거예요. "우리 엄마예요! 우리 엄마는 예뻐요. 내가 사랑하니까요. 또 항상 내 곁에 있으니까요." 이것이 아름다움의 정의죠. 내가 좋아하고 나를 안심시키는 모든 것은 아름다워요. 발로통이 우리에게 불러일으키는 것은 바로, 이 미학적이지 않은 마음의 아름다움이에요. 그는 우리 안에 잠자고 있는 어린아이를 깨우지요. 어린 펠릭스의 아이다운 눈으로 이 광경을 보면, 성인이 받는 실망스러운 첫 인상을 넘어, 외모 면에선 평범하지만 엄마라는 쾌감 면에선 너무도 황홀한 한 여인의 매력에 다가서게 돼요.

*

이제, 발로통에 대한 이야기를 맺어야 할 때군요. 저는 그의 회한이 많은 작품에서 보이는 부조화의 원인이며, 여성성에 대한 불안이 그로 하여금 매력 없는 여성들을 그리게 했다고 말하고 싶었어요. 이야기를 마치면서 저는, 한 폭의 그림이 작가의 감정을 얼마나 결집시키는가를 어느 때보다도 여실히 느껴요. 모든 작품은 작가의 영혼을 담고 있고, 그 영혼은 우리 관람객이 그 작품 속으로 들어갈 때 깨어나요. 우리가 한 예술 작품에 몰입하는 순간, 작가는 다시 살아나고 우리에게 말을 걸죠. 발로통이 이야기 내내 우리에게 그랬듯이. 그림은 관람되지 않으면 존재하지 않아요. 그림은 관람객이 그 안으로 들어갈 때에만 존재해요. 그림으로 들어가 그 위력을 경험하고, 화가에게 이 작품을 창조하도록 추동한 그 신비한 힘을 느낄 때만 말이죠. 그 힘은 작품에서 우리에게로 흘러와요. 바로 그때 우리 관람객은 느끼고, 이해하고, 상상하는 즐거움을 누리게 되죠.

9

"우울하십니까?"

제라르의 번아웃

저의 열정에 대해서 말하고 싶어요. 정신분석을 하면서, 힘들어하는 사람들의 영혼 속에 들어가 그들이 경험하는 것을 경험하고, 그가 자신에 대해 갖고 있는 나쁜 이미지를 발견하고, 그 이미지를 변형하도록 돕는 일에 대한 저의 열정이요. 수십 년 전부터, 저는 매일 이 독특한 영혼의 체조에 열을 올리죠. 저에게는 특권이 아닐 수 없어요!

이제 우울증 환자의 내면 한가운데로 들어가, 그가 어떻게 괴로워하는지 여러분께 보여드리려고 해요. 탈진한 제라르의 사연을 얘기할 텐데, 첫 상담부터 환자가 자신에 대한 시각을 바꾸는 모습을 보게 되실 거예요.

우울증! 1964년 인턴 시절부터 저는 이 병에 대해서 끊임없이 탐구하고 연구했어요. 전문의로 수련 받던 시절 저는 정신과 병동에서 여성 노인 우울증 환자들을 맡게 됐어요. 정신과장이셨던 모리시오 골덴베르 교수님의 목소리가 아직도 생생해요. "나지오 선생, 오늘부터 우울증 여성 노인들의 진료를 맡게." 하얀 가운을 걸치고, 아침 8시부터 대기실을 가로지르던 저의 모습이 선해요. 벌써 대기실은 음울하고 앙상한 노부인들로 가득했지요. 우울증 환자들이 대부분 그렇듯 너무 이른 기상으로 힘들어하는 이 할머니들은, 자기 주치의를 본다는 일념으로 새벽 5시면 잠에서 깨요. 종일 좁은 외래진료실에서 고통스러워하는 노부인들을 한 분 한 분 만났던 일이 생각나요.

저는 그들에게 귀를 기울이면서 많은 분들이 원한을 품고 있다는 인상을 받았어요. 정말 침울하고 슬픈 모습이었는데 그 슬픔엔 원망이 서려 있었죠. 당시 저는 그런 원한의 감정에 주목하지 않았어요. 확연한데도 말이죠. 슬픔의 표면에 얼마나 원한의 감정이 서려 있는지, 그리고 우울증을 치료하기 위해서는 환자가 자신을 배신한 사람(대개는 가까운 사람)에 대한 격노를 인정하게 해야 한다는 것을 깨달은 건 한참 뒤였지요. 억누른 그 격노가 결국은 자신을 향함으로써 우울증까지 왔다는 것을요.

우울한 사람의 원망 어린 슬픔에 대해서는 나중에 제라르의 사례에서 다시 다루기로 하고, 저의 또 다른 젊은 시절의 추억을 나누고 싶어요. 제가 처음으로 환자를 받은 건 1965년 1월 8일이에요. 날짜도 안 잊어버리죠. 그 여성은 조증과 울증을 번갈아 겪는 조울증 환자였어요. 제가 프랑스로 건너오기 전에, 4년간 치료한 카티아는 스위스 출신의 50대 여성이었어요. 자녀는 없었고, 남편이 진료에 데려왔죠. 남편은 베른 억양이 심한 스페인어를 썼고 키가 작았는데, 아내의 울증과 빈번한 자살 시도에 망연자실해 있었어요. 하지만 남편에게 가장 힘든 건 조울증 환자의 배우자들이 흔히 겪듯이, 카티아의 조증들이었어요. 한밤중에 일어나 거실 벽을 새로 칠한다든지, 노숙자들을 집에 들여 남편도 아랑곳 않고 그들과 성관계에 빠진다든지... 조증과 자살 성향이 교대하는 심한 중상들은 조울증이 때로는 정신병적임을 보여주죠.

4년간 우리가 함께한 작업은 카티아에게 엄청난 도움이 됐어요. 초반에는 리튬을 처방해야 했지만, 치료 동맹이 강화되면서 두 번째 해에는 약물을 끊게 했지요. 카티아에 대해 얘기하자니 만감이 교차하네요. 우린 이 질병에 맞서 함께 싸우는 정말 아름다운 동지였어요. 예화를 하나 소개하자면, 1969년 7월, 마지막 상담일에 카티아는 황송해하며 본인이 만든 스위스식 사과파이를 제게 선물했어요. 프랑스에서의 행복한 체류를 기원하면서요.

정말 우울증은 그 변이들이 어떻든, 항상 그것을 이해하고 이론화하고 또 돌보고 싶은 열정을 불러일으켜요. 그런데 우울증은 무엇일까요 ? 언제 우리는 우울증에 걸렸다고 말할 수 있을까요 ? 여러분에게 제가 "우울합니까 ?"라고 묻는다면, "전 우울증 환자예요.", "저는 우울질이에요." 또는 "울적해요."라고 말할 사람이 부지기수일 겁니다. 그 표현이 정확히 무슨 뜻인지도 모르면서 말이죠. '우울증 환자'는 우울증의 전형적인 신호들을 나타내는 환자예요. '우울질'이란 환자는 아니지만 슬픈 기질이라 우울증에 걸리기 쉬운 사람을 뜻해요. '울적하다'는 것은 단순히 낙심한 상태를 말하지요.

그렇다면 과연 우울증은 무엇일까요? 우울증은 감정의 질병이에요. 슬픈 감정이 압도하면서 유쾌한 감정을 질식시키는 병이죠. 우울증은 세 가지 특징적 증상을 보여요. 1. 비정상적인 슬픔 2. 자신에 대한 부정적인 생각들을 반추 3. 존재들이나 사물들에 대한 흥미 상실.

우울증의 첫 번째 증상은, 온통 환자의 삶을 지배하는 슬픔이에요. 이 슬픔으로 인해 환자는 사랑하지도 못하고, 행동하지도 못해요. 하지만 주의하세요! 우울증 환자가 겪는 슬픔은 보통의 슬픔과는 아주 다른 슬픔이에요. 우리 모두가 정상적인 슬픔을 경험하지만, 모두가 우울증 환자의 슬픔을 경험하는 건 아니에요. 정상적인 슬픔은, 견디기 힘들 때도 있지만, 대개는 일시적이에요. 가까운 사람을 사랑할 수 없게 하거나, 일을 지속하지 못하게 하거나, 자존감을 유지하지 못하게 하진 않지요. 반면에 우울증의 슬픔은 짓누르고 불안하게 하고, 자존감을 갉아먹고 세상으로부터 환자를 고립시키는 슬픔이에요. 다른 슬픔과 마찬가지로, 우울증 환자의 슬픔도 내게 소중한 것을 잃어버렸다는 느낌이지요. 그런데 여기선, 다른 사람 때문에 잃어버렸다는 느낌이에요. 항상 우울증 환자의 슬픔이 해를 입힌 자에 대한 격노, 해를 가하도록 놔둔 자신에 대한 격노로 물들어 있는 건 바로 이 때문이죠. 우울증 환자는 슬픈 사람인 동시에 원망이 가득하기에, 굉장히 예민하고 함께 살기가 매우 어렵다는 것을 알아야 해요.

우울증의 전형적인 두 번째 신호는, 자기비하적인 생각들을 곱씹는 거예요. 우울증 환자는 자신이 불행한 이유들과 자신이 피해자가 된 그 부당함을 머릿속에서 계속 반추해요. 끊임없이 반복하죠. "내가 이렇게 된 건, 나를 버린 자크 놈 때문이야. 하지만 내 잘못이기도 해! 난 항상 이용만 당한다고!"

짓누르는 슬픔과 강박적인 자기비하 외에 임상에서 보는 우울증 환자의 중요한 특징은 그와 관련된 모든 것에 대한 흥미 상실이에요. 어떤 것에도 더 이상 관심이 없어요. 자신도 돌보지 않고 배우자, 자녀, 일, 여가... 모두 방치해요. 더 이상 아무도 보고 싶지 않고, 사랑도 섹스도 싫다고 선언하는 바로 그때지요. 어떤 것도 놀랍지 않고, 어떤 것도 감흥을 주지 않고, 권태로워요. 먹고, 자고, 장을 보고, 친구와 만나는 일상의 행복을 누리는 능력도 잃어버려요.

다시 정리하면, 우울증의 세 가지 주된 증상은 원망 어린 슬픔, 자신에 대한 강박적 비하, 존재의 무미건조함이에요. 이 세 증상은 다른 장애들을 불러오는데, 우울증 환자가 불평하는 소리를 들려드림으로써 이 장애들을 보여드리죠. 우울증 환자가 지겹고 피곤하다고 느낄 때는 흔히 이렇게 말해요. "저는 잠을 많이 자고, 깰 때는 항상 피곤해요." 그리고 무기력하게 느낄 때는 이렇게 한탄해요. "더는 못 하겠어요! 모든 게 힘들어요. 손도 까딱하기 힘들어요." 집중하기 힘들고 기억력이 흐려지면 이렇게 낙심하죠. "전 TV 앞에 15분도 못 있어요. 본 것도 다 까먹고요." 우울증 환자의 또 다른 위험 신호는 표현되지 않은 자살 생각이에요. 말로 표현되었을 때는 가족이나 지인들이 대개 이런 말을 듣죠. "내가 사라지는 게 모두를 위해서도 좋아." 우울증에 동반되는 다른 장애들은 불면증, 수면과다, 새벽 기상, 식욕부진, 폭식 후 구토 등이에요.

우울증의 다양한 신호들을 종합해 본다면, 이렇게 말할 수 있어요. 불안하고 원망 어린 슬픔이 지배적이라면, 자기비하가 머릿속을 맴돈다면, 아무 의욕도 없다면, 굉장히 피곤하고 무기력하게 느껴진다면, 타인과 자신 때문에 인생을 망친 느낌이라면, 극단적인 생각이 스친다면, 식욕도 없고 잠도 못 잔다면, 특히 이렇게 고통스러운 상태가 2주 이상 지속된다면, 이건 여지없이 우울증이니 전문가와 상의해야 한다고 결론지을 수 있어요.

우울증 환자의 이런 초상을 보고 심각한 병이라는 인상을 받을 수 있어요. 실은 각 증상이 여러분에게 또렷이 각인되도록 제가 일부러 강하게 표현한 것이지, 실제 상담에서 우울증의 증상들은 대개 더 완화된 모습으로 나타나요. 특히 처음 상담에 온 분들은 이미 주치의에게 항우울제를 처방받아 복용하고 있는 경우가 많으니까요.

여러분이 우울증의 원인을 묻는다면, 저는 대부분의 다른 정신장애들처럼 우울증도 다양한 이유로 발생한다고 답할 거예요. 유전적, 뇌생물학적, 심리적, 심리사회적 원인 등이 있죠. 최근에는 우울증의 면역학적인 원인도 고려해요. 우울증의 유전적 원인 면에서 아직 우울증의 유전체는 밝혀지지 않고 있어요. 신경생물적인 면에서 우울증은 신경전달 작용 저하의 결과죠. 주목해야 할 것은, 신경전달은 항우울제로도 복구될 수 있으나, 신경학자들이 제일 먼저 놀라겠지만, 우울증 환자와 치료자 사이의 규칙적이고 따스하고 공감적인 소통을 통해서도 복구된다는 점이에요. 그러니 중증 우울증에 대한 최선의 치료는 약물치료와 정신분석의 협진임을 알 수 있지요.

이제, 우울증의 심리적인 원인을 알아볼까요. 우리는 우울증을 촉발한 근래의 원인과 우울증을 예비해 온 오래된 원인을 구분해요. 촉발 요인은 대부분 잔인한 환멸의 충격이죠. 오래된 원인은 주로 아동기에 겪은 트라우마예요. 유기, 학대, 성적 학대, 어머니의 너무 육감적이고 질식시키는 어루만짐 등이죠. 따라서 성인 우울증 환자는 아동기에 방임되거나, 학대당하거나, 성적 피해를 입거나, 과보호를 받았던 성인이에요. 이렇게 트라우마를 입은 아동이 성인이 되면, 놀라운 일이 생겨요. 트라우마로 약해진 아이는 자신이 약하다는 걸 느끼지 않으려고, 자신이 강하다는 착각으로 자신을 부풀리죠. 이상한 일이지만, 그렇게 돌아가요. 우울증 환자는, 우울증에 걸리기 전에 자신이 약하지 않다고 믿었던 매우 약한 사람이죠. 그런데 유의하시라 ! 자신이 약하지 않다고 믿는 데는 하나의 조건이 있는데, 자신에게 전능하다는 착각을 유지시켜 주는 파트너가 자신을 지지하고 있다는 바로 그 느낌이에요. 여러 이유로 이 파트너가 사라지면 그 착각은 터진 풍선이 되고, 우울증이 발생하지요.

롤랑이 생각납니다. 그는 30대로, 태어나자마자 유기된 경험이 있어요. 어느 날 저녁 퇴근해서 돌아온 그는 텅 비어 있는 집을 발견해요. 자신의 전부, 아니 자기 생명이었던 아내가 그를 버리고 떠난 것에 롤랑은 가슴을 치고 분노로 날뛰지요. 분통 터져 하는 그를 보면서 그가 절망하는 건 아내의 배반 때문이기도 하지만, 무엇보다 그녀를 잃어버림으로써 더 이상 자신이 존재하지 않는다는 그 느낌 때문이 아닐까 생각했어요. 반려자의 사랑이 없으면 그냥 무너지죠. 맞아요. 롤랑은 우울증에 빠졌어요. 그가 가졌던 것, 즉 사랑하는 아내를 잃기도 했지만, 자기 자신이었던 그것을 잃어버렸기 때문이죠. 그가 그일 수 있게 해주던 그 사랑을 잃어버렸기 때문이에요. 일반적인 실연의 아픔은 소유하던 것을 잃어서 괴롭지만 우울증에 빠지진 않아요. 그러나 융합적인 사랑을 잃을 경우엔, 나 자신이었던 것을 잃어버리고 우울증에 빠지게 되죠.

그런데, 우울증 환자는 어떻게 대해야 할까요? 이에 대한 답으로, 조금 덜 드라마틱한 우울증 사례인 제라르의 사연을 나눠보죠.

제라르는 50세의 남성으로 결혼해 두 아들을 둔, 대기업의 생산 담당 책임자였어요. 그는 급성 우울증 상태에서 저를 보러 왔어요. 기진맥진해 있고, 몹시 불안해하고 모든 걸 지겨워했지요. 그는 과로로 탈진했다고 생각하고 있었어요. 일에 온 힘을 써서 우울해진 거라고 확신하고 있었죠. 다른 환자들처럼 그도, 요즘 유행하는 번아웃이라는 단어로 자신의 고통을 이해하고 있었어요. 방금 자신에게 하등 부서로 전출되었다는 것을 알려온, 그의 친구이자 담당 이사에 대한 증오를 표현하길래 저는 그에게 물었어요. 이런 고통스러운 갈등을 전에도 겪었는지, 특히 과거에 혹독한 이별을 겪은 적이 있는지 말이죠. 저는 그가 세 살 때 아버지가 집을 나가 호주에서 새 살림을 차렸고, 그 뒤로 아버지를 전혀 보지 못했다는 것을 알았어요. 청년기에는 어이없는 두 번의 배신으로 우울증 치료를 받았다는 것도 알게 됐지요. 첫 번째 배신은 너무 사랑했던 이자벨이 그의 가장 친한 친구와 바람을 피운 거였어요. 두 번째는 친구였던 프랑시스에게 사기를 당한 거였죠.

제라르의 외모에 대해 한마디 하면, 저는 앞에 앉은 그를 보고 놀랐어요. 늙은 로커처럼 어떤 것에도 감흥이 없을 것 같은 냉혹한 남자와, 두려움에 떨고 있는 어린아이의 슬프고도 천진한 눈을 동시에 마주한 느낌이랄까. 여기에서 저는, 정신분석가는 내담자의 얼굴을 예리하게 관찰하고 그의 시선이 보내는 메시지를 포착할 수 있어야 한다는 걸 강조하고 싶어요. 분석가는 '타자의 얼굴을 방문한다'고 말했던 레비나스처럼, 내담자의 표정의 문을 통해 그의 무의식을 '방문'할 수 있어야 해요. 저도 제라르의 시선 속으로 깊숙이 잠수해 들어갔지요. 거기서 저는 강하게 보이려고 애쓰는, 짓눌린 남자의 가슴을 가진 불안해하는 아이를 발견했어요.

상담을 마칠 무렵, 저는 새 환자들과 제가 통상적으로 하는 것을 제르라와도 했어요. 그에게 해줄 말이 참 많다고 하면서 첫 상담을 마무리했죠. 그를 놀라게 하고, 그를 뒤집어놓고, 그가 자신을 바라보는 시선을 바꾸게 하는 말을 저는 건넸어요. 제라르에게 뭐라고 했냐고요? 중요한 두 가지를 그에게 말했죠. 저는 쉽게 와 닿는 말로, 그의 우울증은 과로 때문이 아니라 실망 때문일 수도 있음을 보게 했어요. 무슨 실망일까요? 자신이 아버지처럼 사랑했던 그 이사가 그에게 전출을 예고했을 때, 그는 이 결정을 원통하게 여겼고, 그건 소중히 여기던 형에게 거부당한 것과 같은 원통함이었다고. 맨 끝에 가서는 이렇게도 말했어요. 우울한 한 남자 뒤에, 엄마에게 매우 의존하는 어린아이가 보인다고, 자신은 불행에 강하다고 믿지만 지금 와서는 배반당하고 방임된 한 어린아이가 보인다고...

제 머릿속에 있는 이 도식을 그에게 말해주진 않았어요. 그에게 네 가지 방임이 순차적으로 일어났다는 것을요. 아버지와 영영 이별함(유기 트라우마로 지금의 우울증을 예비한 사건), 아자벨의 배신, 프랑시스의 사기, 그리고 친구이자 상관이었던 이사의 배신.

제가 말하는 동안, 제라르는 감동 어린 침묵으로 저를 경청했어요. 저는 롤랑에게 큰 터치가 있었다는 것과, 그도 알고는 있었지만 의식하지 못한 것을 제가 말해주는 것을 들으며 그의 마음이 가벼워졌다는 것을 느꼈어요. 해석을 한다는 것은, 환자도 이미 어렴풋이 아는 것을 분명히 말해 주는 것이죠. 첫 면접을 끝내고 우리는 헤어졌어요. 저는 환자에게 유익했다는 느낌과 함께, 그는 치료를 최대한 빨리 시작하고 싶다는 마음과 함께.

치료가 시작되자, 저는 두 가지 중요한 미션을 수행하기로 했어요. 첫 번째 미션은, 자신이 연약하지 않다고 착각하게 하는 뿌리들을 약화시키는 거였어요. 이 착각이야말로 우울증이 배양되는 토양이었죠. 자신이 강하다고 믿지 않았다면, 롤랑은 결코 우울증에 빠지지 않았을 거예요. 우리가 함께 그의 자기애적인 착각을 완화시킬 수 있다면, 우리는 또 다른 환멸, 즉 또 다른 우울증을 방지할 수 있을 거라고 생각했죠. 저의 두 번째 미션은, 제라르가 배신을 염려하지 않으면서 주변 사람들을 사랑하도록 만드는 거였어요. 배우자가 나를 떠날 수 있다는 생각에 불안해하면서 배우자를 사랑하면, 배우자에게 떠나고 싶은 마음을 불러일으키기 쉬워요. 존재하지 않는 위험을 두려워하면 실제로 그 위험이 현실화되는 일이 자주 생기죠.

이것이 제라르의 치료를 이끈 두 가지 축이었어요. 그와의 상담은 4년간 지속됐어요. 우울 증상은 점점 사라졌고, 분석을 시작한 지 6개월 만에 그는 항불안제를 끊었어요. 마지막 상담일에는 자신의 정보통신 컨설팅 회사를 세울 생각으로 신나 있었죠.

제라르의 사례는, 지나치게 활성화된 착각이 얼마나 해로울 수 있는가를 보여줘요. 착각이 광기어린 것일수록, 그 추락은 더더욱 혹독하죠! 하지만 깨달아야 할 건, 착각이 우리에게 꼭 필요하다는 거예요. 꿈꾼 대로 이루어지는 것은 아니라는 것을 받아들이는 한에서요. 휴머니스트 의사였던 저의 아버지가 자주 말씀하셨듯이, "꿈을 꿔라! 네 꿈을 이루기 위해 사자처럼 싸우거라... 하지만 그 결과는 쥐죽은듯이 기다려."

10

시몽의 치유

치유되었다는 것은,
자신이 가진 것과 하는 일을 사랑하고
자신을 있는 그대로 사랑한다는 것

이 마지막 장에서는, 치유의 이야기를 하고 싶어요. 시몽은 30세의 젊은 약사로, 큰 키에 얼굴은 소년같이 동안이고 외아들이라 친할머니가 무척 귀여워했지요. 그는 심한 우울증으로 저를 찾아왔어요. 시몽은 저와 함께 4년간 정신분석을 했어요. 이 환자를 소개하게 된 것은, 다른 환자와 다르게 그는 치료를 끝마친 것을 행복해하며 그 기쁨을 시로 표현할 줄 알았기 때문이에요. 우리가 서로를 마지막으로 본 날, 그는 저에게 시를 선사했어요. 여러분에게도 보여드릴 텐데요. 그 전에, 이 젊은이가 왜 분석을 받으러 왔는지부터 말해야겠군요. 시몽이 진료 받으러 온 지도 벌써 수년이 지났네요.

그는 여러 정신과의사와 심리치료사들을 거쳐 저에게 왔어요. 첫 면접에서 그는 고백했어요. 청소년기 끝 무렵부터 심한 우울증을 세 번 겪었다고. 마지막 우울증 때는 두 번의 자살 시도 끝에 입원하여 조울증 진단을 받았다고. 이 진단명이 의심스러웠던 그는 조울증 약을 스스로 끊어버렸죠.

시몽과의 첫 면접에 관해선 자세한 얘기가 많지만, 여러분에게는 놀라운 사실 하나만 말씀드리죠. 상담하면서 알게 된 사실인데, 이것은 시몽의 우울증이 히스테리에 기인한다는 걸 알게 해주었어요. 무슨 일이 있었을까요? 대화 중에 시몬은 두 번 자살 시도를 했다고 말했어요. 어떤 방법으로 했냐고 묻자 그는 장난기 어리게 대답했죠. "목매달아서요."

"어떻게 한 거예요?" 제가 물었어요.

"문손잡이에 목을 매달았는데, 잘 안 됐어요."

"두 번 시도했다고 했죠? 둘 다 같은 방법으로?

"네, 하지만 처음에는 충분히 아래로 쳐지지 않아 목이 졸리지 않았어요. 두 번째는 너무 겁났어요. 목이 너무 세게 조여서 곧바로 멈췄죠." 그의 말을 들으며 저는 이건 진정한 자살 시도가 아니라고 생각했어요. 다소 황당해하면서 저는 그에게 문 쪽으로 가서 어떻게 했는지 좀 구체적으로 보여 달라고 했어요. 그러자 시몽은 의자에서 일어나 문에 등을 대고 바닥에 앉아, 팔을 들고 머리를 한쪽으로 기울여 문고리에 연결된 밧줄을 목에 거는 시늉을 해 보였어요. 너무 드라마틱한 이 장면을 보고 저는 비극과 황당함이 섞인 그 두 번의 자살 시도는, 시몽이 조울증이 아니라 우울증의 토양이 된 히스테리 신경증을 앓고 있음을 보여준다는 걸 즉시 알아챘어요. 히스테리 남성이나 여성들은 아동기 이래로 자신은 제대로 사랑받지 못했다고 느끼는 사람들이에요. 시몽이 그랬듯이 애정 생활에 만족이 없고 자주 슬픔에 빠져 우울증에 이르기도 하죠. 첫 상담이 끝나기 전에 저는 시몽의 괴로움의 근원을 설명하는 도식이 머릿속에 그려졌어요. 유아기 트라우마 → 성인기의 히스테리 신경증 → 연속된 두 번의 우울증 → 두 번의 자살 시도를 포함한 세 번째 우울증.

다음 주에 다시 만났을 때는 시몽에게 인생선을 같이 그려보자고 해야겠다는 생각이 들었어요. 그래프 시작점엔 할머니의 비극적인 죽음을 표시하고, 그 뒤에는 그를 우울증으로 몰아넣은 세 번의 실연을 표시하게 했죠. 작은 탁자를 사이에 두고 마주 앉아 종이에 그림을 그리는 동안, 저는 그림에 대한 저의 열심이 시몽을 자극하고 자신의 과거를 돌아보게 한다는 걸 느꼈어요. 이렇게 그의 우울증 치료가 시작됐지요 ! 시몽은 방금 전에 함께 그린 인생선에 매료되어, 그림을 집에 가져가도 되냐고 물었어요. 물론 저는 동의했죠. 다음 회기에 오자마자 그가 2미터도 넘는 프리제 천을 제 책상에 펼쳐놓으리란 건 상상도 못한 채로요! 그 천에는 아동기 이래 그의 모든 질병 스토리가 아주 자세히 표시돼 있었어요.

초기 세 번의 결정적인 회기(자살 시도 흉내, 함께 인생선 그리기, 프리제 천에 그려온 인생 그래프) 이후 우리는 본격적인 정신분석을 시작했어요. 분석을 하는 동안 우리는 할머니에 대한 그의 엄청난 사랑, 할머니의 죽음으로 인한 고통, 그를 너무 힘들게 했던 실연에 대해 자주 다루었지요. 몇 년간 계속된 이 치료는, 시몽이 저에게 <안도감>이라는 시를 선물하면서, 굉장히 감동적으로 마무리됐어요.

이제는 더 이상
다른 인생이나 절대를 꿈꾸지 않아
이제는 더 이상
알 수 없는 예리한 고통으로 힘들지 않아

이제는 그간 잊고 있던
소망들과 화해하고
해방이 되었지
드디어 나 자신을 다시 만들 수 있게 됐어

우울증 환자가 거듭난 것 같은 인상을 시로 표현하며 자신의 분석을 마친다면, 이건 저로서도 가장 바라는 이상이에요. 내담자가 자신이 가진 것과 자신이 하는 일을 사랑하고, 자신을 있는 그대로 사랑하게 하는 것이 저의 이상이죠. 이것이 제가 환자들과 치료 작업을 할 때 기대하는 정점이에요. 이 기대들은 무엇일까요? 당연히 저의 첫 번째 기대는, 치료받으러 온 이유인 그 장애들이 사라지거나 완화되는 것이죠. 분석을 마친 환자에게 나타나기를 바라는 또 다른 변화들은, 그가 자신이나 타인과 맺게 되는 관계와 관련이 있어요. 그 변화들은 다음과 같지요.

★ 회복된 환자는 자신의 결점을 인정하고, 자기 장점을 과장됨 없이 소중히 여겨요. 이제 그는 세상에서 가장 비참한 사람도 최고로 뛰어난 사람도 아니에요. 그는 가장 좋은 태도란 자신을 판단하지 않고 자신을 잊어버리고 해야 할 바를 하는 것임을 알아요. 행하기 전에는 자신을 판단하지 말아야 해요! 자신을 판단하는 순간 자신을 부정적으로 판단하게 되니까요.

★ 자신에 대한 이미지가 지나치게 좋거나 지나치게 나쁘지 않다면, 회복된 환자는 자신을 있는 그대로 사랑하게 돼요. 자신의 장점과 결점을 그대로 인정하면서요. 그러면 보다 덜 예민해지고 보다 더 관대해지죠.

★ 그는 잃어버린다는 것이 전부를 잃는 것은 아님을, 살아있는 한 다시 마음을 다잡을 수 있다는 것을 알아요. 치유되었다는 건, 예기치 않은 일에 적응하고 비극적인 일이라도 그에 대처할 수 있다는 뜻이에요. 이것이 피할 수 없는 삶의 역경들을 극복하는

지혜로운 태도죠.

★ 회복된 환자 곧 성숙한 남자나 여자가 되었다는 것은, 자신이 원할 때는 마음껏 아동기로 퇴행하는 것을 허용할 수 있다는 뜻이에요. 자신이 우습다고 생각하지 않으면서요. 치유되었다는 건, 과거에 나였고 지금도 우리 안에 살고 있는 그 아이를 사랑한다는 거예요.

★ 남성이건 여성이건, 그는 자신이 의존하고 있는 것을 불편해하지 않아요. 훈육에 따르고, 상사의 명령에 복종하고, 남편이나 아내의 지시를 따른다 해도, 자신이 예속돼 있다고 느끼거나 모멸감을 느끼지 않죠. 아이처럼 구는 건 가소롭다든가 의존돼 있는 자신을 보는 건 불명예라고 생각하는 것이야말로 취약함을 보여주죠. 이는 환자가 아직 신경증에서 못 벗어났다는 증거예요. 이 두 치유의 지표를 한 데로 묶으면, 치유되었다는 건 유치하게 구는 것을 두려워하지 않고, 자신이 의존돼 있음을 부끄러워하지 않고 살아간다는 뜻이에요.

★ 회복된 환자는 갈등을 관리할 수 있고, 타협할 줄 알며, 사랑하는 사람들과 이들을 이어주는 사랑을 가꿀 줄 알고, 나아가 자신과 비슷한 사람들을 돌볼 줄 알아요.

★ 그는 다양한 자신의 감정과 행동들에도 불구하고 자신은 항상 동일한 사람이라고 느껴요. 종종 불안 분노 질투에 압도되지만, 내적으론 통합된 느낌이 들지요. 그는 자기 안에 모순된 움직임들을 공존시킬 수 있어요. 사랑과 증오, 용기와 비겁, 관대함과 이기심, 겸손과 오만 등 많은 대립되는 충동을 자기 내면에 공존시킬 수 있지요.

★ 그는 일어난 그 사건이 문제가 아니라 그 사건을 살아내는 방식이 문제라는 것을 알아요.

★ 회복된 환자는 어떤 일도 결정적이거나 절대적이지 않다는 것을 알기에 내면에 평안이 흘러요.

치유라는 신비

정신분석과 치유에 대해 제가 말하고 싶었던 것은 다 얘기한 거 같군요. 물론 어떤 환자도 완벽하게 치유되지는 않아요. 더구나 정신분석은 다른 치료법들이 하는 것처럼, 모든 환자들을 치료한다든가 확정적으로 치료하지도 않죠. 고통의 한 조각은 항상 남아있을 테니까요. 삶에 내재돼 있는, 생명에 필수적인 고통들은 여전히 남아요. 고통 없이 산다는 것은 사는 것도 아니죠.

이제 성찰을 마치면서, 우리가 이 책에서 제기한 모든 질문을 하나로 묶어주는 한 가지 질문을 여러분과 나누고 싶군요. 환자가 저렇게 확연히 좋아진 이유를 어떻게 설명할 수 있죠? 급격히 호전된 이유는 저도 잘 모릅니다. 다만, 강박적으로 치유에 매달리진 않아도, 환자의 회복을 위해 할 수 있는 건 다 한 이후지요. 우리는 치료를 찾게 한 그 장애들에서 출발해 회복에 이르는 여정을 따라왔어요. 우리가 완수했던 네 가지 중요한 치료적 제스처들을 다시 복기해 볼까요? 1. 우리는 환자의 행동을 주의 깊게 **관찰**했어요. 2. 우리는 그의 불편함의 이유를 간파해내고 **탐구**했어요. 3. 환자를 경청하는 동안 우리는 우리 자신의 내면으로 침잠해 들어갈 수 있었어요. 그리고 환자에게도 자기 내면으로 **침잠**해 들어가는 법을 알려주었죠. 4. 마침내 우리는 환자에게, 우리의 내면 깊은 곳에서 그에 대해 발견한 것을 그에게 **드러내** 주었어요. 이것이 환자와 분석가인 우리가 함께 달려온 여정이에요. 이 여정이 환자를 새로운 탄생으로 인도했지요. 하지만... 치료의 궁극적인 동력이 무엇인지는 저도 말씀드리기가 어려워요. 이건 저도 주저 없이 인정해야 하는 부분이죠. 분석치료가 성공한 이유보다는 실패한 이유를 대는 일이 저에게는 더 쉬워요.

갑작스럽게 일어나는 치유는 우리 분석가들에게도 수수께끼로 남아요. 정신분석의 온갖 이론들은, 고통에서 해방된 환자와 마지막 상담을 마치고 나서, 모든 분석가가 던지는 이 질문에 답하려는 거대한 시도에 불과하죠. 이젠 더 이상 내 환자가 아닌 내담자와 마지막 악수를 나누고 상담실의 문이 닫히는 걸 보면서, 분석가가 자신에게 던지는 질문은 이렇지요. "무슨 일이 일어난 거지? 저렇게 잘 지내게 된 데는?" 모든 성공적인 치료 끝에서 저도 항상 같은 질문을 던져요. 딱히 답은 찾지 못하면서 말이죠.

분석가가 채택할 만한 최선의 슬로건은 앙브루아즈 파레의 유명한 금언에서 따올 수 있지 않을까 해요. "나는 그에게 붕대를 감았고, 신은 그를 치료했다." 저도 다음의 경구로 이 책을 마치고 싶군요. "나는 분석가의 무의식을 동원해 마음을 다하고 뜻을 다하고 힘을 다하여 환자를 경청합니다. 하지만 그를 낫게 하는 분은 알 수 없는 그분이시죠."